昔日齷齪不足誇　今朝放
蕩思無涯　春風得意馬
蹄疾一日看盡長安花

孟郊登科後　戴傳華書

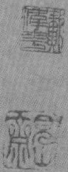

中国印象

丛书主编 戴伟华

唐诗与科举

徐乐军 著

暨南大学出版社
JINAN UNIVERSITY PRESS

中国·广州

图书在版编目（CIP）数据

唐诗与科举/徐乐军著．—广州：暨南大学出版社，2017.11
（诗歌中国）
ISBN 978 - 7 - 5668 - 1814 - 0

Ⅰ.①唐…　Ⅱ.①徐…　Ⅲ.①唐诗—诗歌研究②科举制
度—研究—中国—唐代　Ⅳ.①I207.22②D691.3

中国版本图书馆 CIP 数据核字（2016）第 091262 号

唐诗与科举
TANGSHI YU KEJU
著　者：徐乐军

出 版 人：徐义雄
策　　划：杜小陆　潘雅琴
责任编辑：刘　晶　何镇喜
责任校对：陈绪泉
责任印制：汤慧君　周一丹

出版发行：暨南大学出版社（510630）
电　　话：总编室（8620）85221601
　　　　　营销部（8620）85225284　85228291　85228292（邮购）
传　　真：（8620）85221583（办公室）　85223774（营销部）
网　　址：http：//www.jnupress.com
排　　版：广州良弓广告有限公司
印　　刷：佛山市浩文彩色印刷有限公司
开　　本：850mm×1168mm　1/32
印　　张：8.25
字　　数：166 千
版　　次：2017 年 11 月第 1 版
印　　次：2017 年 11 月第 1 次
定　　价：33.00 元

总　序

　　中国是伟大的诗歌国度，诗歌承载着内涵深厚的中国文化。"诗歌中国"的亮相，就是希望用诗来歌咏中国文化的灿烂辉煌。"诗歌中国"不仅要让人们了解诗与文化的关系，而且要让人们通过读诗来感悟中国文化的构成及其品质，体察中国文化的博大精深。可以说，一部中国诗歌史，就是一部中国诗歌文化史。

　　中国诗歌发展史以"诗""骚"为其发端，而又影响后世，并形成诗歌的"风"（《诗经》）、"骚"（《楚辞》）传统。

　　《诗经》展示的是西周初年到春秋中叶的文化画卷。孔子说："不学诗，无以言。"不学习诗，连话都不会说，当然指说出优美动听的话。不仅如此，结合孔子说的另一段话，所谓"言"还应指言辞中有丰富的文化内涵。孔子说："小子何莫学夫《诗》？《诗》，可以兴，可以观，可以群，可以怨。迩之事父，远之事君，多识于鸟兽草木之名。"（《论语·阳货》）这里说的要讲好话，需要认识社会、认识人与人之间的关系、认识客观世界的名物。孔子只是举其大概而言。事父事君和辨识事物之名，就是指文化内容。也可以说，"兴观群怨"是提升人际交往中表达的文化内涵。兴，是联想能力，比如《关雎》，本是要写爱情，却先说鸟的和鸣。《桃夭》是祝贺新婚的歌，"桃之夭夭，灼灼其华。之子于归，宜其室家"。以桃花起兴，这样写的好处，既含蓄婉转，又渲染主题。观，是观察能力。凡事未必能亲力亲为，但通过读诗可以丰富生活知识，如读《生民》就可以了解周始祖后稷及其农耕历史，知道作物之名：荏、禾、麻、麦、瓜、瓞，并知道如何形容其状态：旆旆、穟穟、幪幪、唪唪，这些词的基本意思是茂盛貌，但有细微差别，如果懂得用不同的词去表达相近的内容，那就能言了，于此才能体会孔子所说"不学诗，无以言"的真正含义。《硕人》对人物的描写，生动传神，"手如柔荑，肤如凝脂，领如蝤蛴，齿如瓠犀，螓首蛾眉，巧笑倩兮，美目盼兮"。一连串的比喻，写出美人的形貌神采。群，是合群能力，指在群体中适当表述，以达到和谐。读《诗经》的人每每惊叹于其"群"的能力。合群能力事实上是在平衡各种关系，其中最重要的是人际关系。《诗经》中对夫妻关系多有描写，如《伯兮》，讲女主人与其丈夫以及与君王的关系。"伯兮朅兮，邦之桀兮。伯也执殳，为王前驱。自伯之东，首如飞蓬，岂无膏沐？谁适为容！"伯，为女主人的丈夫，丈夫英武，为邦国杰出人才。丈夫拿着武器，听从君王的命令奔赴前线。在我、伯、王三者关系中，符合各自身份。在三者关系中又突出了"我"在丈夫离家后，甘心思伯而生首疾。"为王前驱"是夫妻分别的原因，这是女子以自豪的口吻来说的，表扬丈夫因为是邦中之杰而能为王前驱，从中也透出骄傲。怨，是批评能力。"怨"是讽刺，可以解释为批评技巧。《诗经》里怨诗不少，但因比喻而显得含蓄，其中《硕鼠》极具代表性。"硕鼠硕鼠，无食我黍！三岁贯女，莫我肯顾。逝将去女，适彼乐土。乐土乐土，爰得我所?"一般认为这是一首批判当政者的诗，《毛诗序》曰："国人刺其君重敛，蚕食于民，不修其政，贪而畏人，若大鼠也。"朱熹《诗序辨说》曰："此亦托于硕鼠以刺其有司之词，未必直以硕鼠比其君也。"朱熹的话比较可信。从诗的字面上看到的只是痛斥硕鼠破坏庄稼，所谓刺君或刺有司是字面以外的意思。这正符合"温柔敦厚"的诗教。

　　因为孔子诗学的逻辑起点是"不学诗，无以言"，学诗是"言"的需要而不是写诗的需要。所以说，理解"兴观群怨"之说，应该从"言"出发，掌握了诗的"兴观群怨"的言说技巧，讲话就会用"兴"，先言他物而引起所咏之词；用"观"，观察事物人情，以丰富而准确的语言表述意思；用"群"，在群体中明晰关系，并用恰当的言辞表述，以达到和谐；用"怨"，在批评的话语中以中庸的姿态出现，巧妙运用讽刺的手法，既能批评现实，又含蓄婉转。如达到孔子的要求，学诗以后就可以"言"了：可以"兴"言，可以"观"言，可以"群"言，可以"怨"言。

　　《楚辞》有鲜明的楚文化特征，宋代黄伯思在《新校楚辞·序》说："盖屈宋诸骚，皆书楚语，作楚声，记楚地，名楚物，故可谓之'楚辞'。"《楚辞》中屈宋诸人之作，都有明显的楚文化特征，其中涉及的神话故事、历史传说、风尚习俗都打上楚文化的印记。《楚辞》中对文化事项的描写也是多方面的，《天问》一篇对天地、自然、社会、历史、人生等提出173个问题。《招魂》中对建筑的描写："高堂邃宇，槛层轩些。层台累榭，临高山些。网户朱缀，刻方连些。冬有突厦，夏室寒些。川谷径复，流潺湲些。光风转蕙，氾崇兰些。"这里涉及了建筑及其环境。

唐诗宋词是中国文化辉煌的表现，也是反映文化的重要形式。唐诗名家辈出，文化内涵丰富。盛唐诗是诗歌发展的鼎盛阶段，李白、杜甫、孟浩然、王维、王昌龄、高适、岑参、李颀等大家名家的诗歌创作，表现了广泛的社会生活内容，形成境界雄阔、含蕴深厚、韵味无穷的"盛唐之音"。"诗仙"李白诗风豪放飘逸，"诗圣"杜甫诗风沉郁顿挫，被誉为唐诗史上的"双子星"。中唐是唐诗的中兴时期，韩愈、孟郊、李贺等人，不仅发展了杜甫诗歌奇崛的一面，还追求诗风的浑厚奇险。白居易、元稹等人则发扬杜甫的现实主义传统，作品反映现实生活内容，诗风通俗易懂。晚唐是唐诗发展的衰落期，但杜牧、李商隐诗歌自成一格，杜牧为晚唐七绝的圣手，李商隐则努力表现内心世界的情感体验，诗风凄艳浑融，具有极高的审美价值。

唐诗题材广泛，风格多样，其中山水田园、边塞题材诗在盛唐蔚为大观，在诗歌创作中追求奇险怪异和通俗易懂两派分立。

以王维、孟浩然为代表的山水田园诗人，继承了陶渊明、谢灵运写作田园山水诗的传统，他们的作品大多是描绘山水田园的自然风光，表现自己闲适隐逸的情趣。以高适、岑参为代表的边塞诗人，大力写作反映边地生活的作品，描写边地战争，表现出对建功立业的热情和对和平生活的渴望；同时也因描写边地风光和异域风情，拓宽了诗歌的表现领域。

中唐出现的奇险诗派和通俗诗派，表现出中唐诗人的开拓精神。以韩愈、孟郊为代表的奇险诗派，又称"韩孟诗派"，这一诗派在诗歌写作上好为奇崛，追求险怪，纠正了大历以来的平庸诗风，以新奇的语言风格和章法技巧来写作，进一步提升了诗的表现功能。以元稹、白居易为代表的通俗诗派，又称"元白诗派"。这一派在诗歌写作上重视写实、崇尚通俗，他们继承了古乐府的精神，自拟新题，缘事而发，在写作中以口语入诗，力求通俗易懂。

词的产生因燕乐繁盛，宋词是与唐诗并称的一代文学之盛。婉约、豪放争奇斗艳。婉约和豪放是就宋词的主要风格而言的，也是大略的划分，因此婉约和豪放也是相对的。所谓婉约是指文辞的柔美简约，作为词的风格，是以阴柔为审美特征的，内容上多写爱情、婚姻和家庭，也涉及羁旅行役、恋土怀乡等。其抒情注重细腻入微、委婉含蓄。而豪放则是指风格豪迈、无所拘束，作为词的风格，是以阳刚为审美特征的，内容上多涉及人生、社会的重大主题，如理想抱负、民族盛衰、国家兴亡和民生疾苦等。其抒情多慷慨激昂、乐观进取。最早提出词分豪放、婉约二体的是明人张綖，他在《诗余图谱》中说："词体大略有二：一体婉约，一体豪放。婉约者欲其词情蕴藉，豪放者欲其气象恢宏。盖亦存乎其人，如秦少游之作，多是婉约；苏子瞻之作，多是豪放。"后人则以此梳理宋词，纳入二体之中，遂有婉约、豪放二派。其实分宋词为二派，过于简单，但优点是能看出宋词的基本发展脉络。

人要诗意地栖居，诗意的核心价值和美丽姿色在文化母体中浸润、孕育、生长。诗的诞生，实缘于生活中诗意的发现。"物之感人"而有"舞咏"矣。钟嵘《诗品·序》云："气之动物，物之感人，故摇荡性情，行诸舞咏。照烛三才，晖丽万有，灵祇待之以致飨，幽微藉之以昭告，动天地，感鬼神，莫近于诗。"这就意味着：具有诗意的外物才能感动人心，因栖居而有诗意，才能写出诗歌，而诗歌又帮助人们生活得更具诗意。可补充一句："非陈诗何以展其义？非长歌何以骋其情。"人要诗意地栖居，构成了人和自然、社会的和谐，形成了诗性的文化生态。

从发生学角度看，"诗言志"的说法值得重新审视。诗首先是叙事。最早的素朴的诗歌已很难寻觅，通常歌谣的开篇是《吴越春秋》中的《弹歌》："断竹，续竹。飞土，逐宍。"宍，古"肉"字。虽然简短，但仍然可以看出其叙事的特征。叙事，是人类认识世界、认识事物最初的表现方式，此处论断可以稍微缓和一点：如抒情，是人类表现、摹写主体内在情感精神的手段。这样比较中和一点，可避免由对比叙事和抒情高下而带来的可能性的争议。当叙事时，人类不断认识客观世界；一旦对客观世界赋予个体情感并去表达时，抒情就出现了，以反映人类试图寻找精神世界与自身环境的沟通。

衡之心理学，儿童对外部世界的认识，应该是从具体认识抽象、从具体认识事物的客观属性再去评价客观事物，而诗歌（歌谣）从叙事到抒情再到言志的过程正和人类认识事物的过程是一致的。

诗的文化阐释，不仅要注意诗的本义，还要注意诗的衍义。在写作方面，必然表现诗本义，即诗的本来意义；在阅读方面，通常又会出现诗衍义，衍义即诗的推演意义。对诗的文化内涵理解的不同往往是诗本义和诗衍义的不同。

诗歌涉及中国文化的方方面面，如地理、交通、礼仪、婚姻、器物、音乐、绘画、书法、建筑、工艺、风俗、天文、宗教等。因此，中国诗歌文化史叙写可以是文化分类的结果。《文苑英华》所收诗歌分天部、地部、帝德、应制、应令、应教、省试、朝省、乐府、音乐、人事、释门、道门、隐逸、寺院、酬和、寄赠、送行、留别、行迈、军旅、悲悼、居处、郊祀、花木、禽兽26类。这一分类也可以视为诗歌中文化事项的呈现。本丛书尚不能包括所有文化类项，只是在文化与诗歌联系的某一方面或角度而立题，目前涉及的有诗与玄学、诗与科举、诗与神话、诗与隐逸、诗与山水田园、诗与民族、诗与文馆、诗与战争、诗与游戏、诗与绘画、诗与书法、诗与锦帛、诗与女性、诗与礼俗、诗与外交、诗与航海、诗与数字，另有诗与饮食、诗与养生、诗与送别尚在构思当中。当然，在选题的扩展中，我们想给读者一个诗与中国文化较为完整的知识体系。

美国学者克罗伯说："文化包括各种外显的和内隐的行为模式。"诗歌只是作为具体的载体而承担着对人类行为的说明，同样也是人类行为的文化观念、思维方式和情感取向得以阐释的文本。文化具有包容性，当诗歌成为其载体的一部分功能时，就会去表达文化意义，在文学、艺术、历史、哲学、宗教、民俗等角度参加文化的建构与创造。也许人们认识事物会追求概念，以形而上学的方式去了解历史、了解社会、了解文化的构成。诗歌虽不指向概念，但以其形象直观，而能了解文化的丰富性、复杂性，更为人们认识中国文化的构成提供活生生的图景。

本套丛书的作者和读者在写作或阅读的过程中或许会融入选择联想，把当下的文化体认、精神生活融入古代诗歌中，实现意义重构和有可能的价值置换。不过，社会的发展，物质文明的进步，并不能以失去传统为代价。相反，文化的母题总是在不断重现与强化，如故土故园、家国情怀、乡村归隐、民俗节庆，这些遥远的歌谣会永远回荡在高楼林立的都市上空。

本丛书旨在面向普通大众及海外华人、中文爱好者传播中国经典文化，践行学者的社会职责，也可以为专业研究人士提供参考。诗歌是中华文化的精髓，也是传统文化表现的载体。以诗歌与文化作为宏观视野，展开具体而微的讨论，形成大视野、大背景下的小范畴、新角度，追求学术性与可读性的合一。提倡深入浅出、明白晓畅、雅俗共赏、文采斐然的写作风格。强调著作要具有作者个性，同时也要考虑读者的需求与接受程度。

中国诗歌讲究"言不尽意""言有尽而意无穷"，也就需要读者有丰富的想象去领悟言辞之外的含义。所谓"言不尽意"并不是说言辞能力拙钝不足以表达情感和意志，也不是说言辞受客观情况的限制而不能畅快地表达思想和感情，而是说言辞有限而意义无穷。事实上，"言不尽意"在作者是有意追求的艺术效果，在读者则享有阅读过程中的想象和发挥。言不尽意的效果宛如一幅画："曲终人不见，江上数峰青。"

戴伟华

2017 年 4 月

目　录

总　序 …………………………………………………… 1

引　言 …………………………………………………… 1

第一章　干谒——诗路艰难 …………………………… 3
　　第一节　曙光 …………………………………… 4
　　第二节　阴晦 …………………………………… 14

第二章　科考——诗艺比拼 …………………………… 30
　　第一节　解送 …………………………………… 31
　　第二节　省试 …………………………………… 46
　　第三节　制试 …………………………………… 63

第三章　成名——诗意行走 …………………………… 71
　　第一节　放榜 …………………………………… 72
　　第二节　谢恩 …………………………………… 94

第三节　宴游 …………………………………… 105

第四章　落第——诗心苦涩 …………………… 136
第一节　痛苦 …………………………………… 136
第二节　怨恨 …………………………………… 166
第三节　希望 …………………………………… 185
第四节　归宿 …………………………………… 213

结　语 …………………………………………… 242

参考文献 ………………………………………… 244

引　言

　　唐朝是诗的国度。无论是庙堂之上还是江湖之间，总会看到诗的痕迹，相伴的还有诗人的身影。文人即诗人，诗人也是文人，在唐代，两种称呼几可互代。唐代社会经济总体发展较好，大量诗人可以离开故乡，行走在广袤的国土上，一边体味异乡的风情，一边寻求实现人生梦想的机会。辉煌的梦想，是那样让人动心，哪怕付出一生的时间去追寻，也心甘情愿。梦想在哪里？梦想在天子堂上，是辅佐明主，治平天下；是海县清一，功成身退；是动念苍生，忧及黎元。梦想又在书中，是童声诵读，威严戒尺；是寂寂山居，岁岁书床；是雨中黄叶，灯下白发。梦想还在路上，是风雨兼程，摇摇征辔；是茅店鸡声，霜天板桥；是长安雁塔，奢华曲江。学得文武艺，货与帝王家。这一重要的人生交易之所，正在科举之中。成功了，成名；失败了，落魄。近三百年的王朝，几乎年年都在上演这一幕幕的科场悲欢。破碎或实现的梦想，带来了悲喜交织的人生体验。何以抒怀？放声高歌。歌尽了，梦醒了，大唐已走进历史深处，只留下华丽的背影和声声的叹息。科举成名的梦想，为何如此让人着迷？

唐时科举，一分为二。曰常举，曰制举。常举一年一试，有秀才、明经、进士、明法、明书和明算六科。制举科目和时间俱不固定，由朝廷根据需要开设。常举秀才科开设于初唐和盛唐前期，天宝后取消，科目虽无，名号仍在，后来成了进士们的雅称。明经科有五经、三经、二经、学究一经，还有三礼、三传、史科等，如非特注，专指明二经。进士科声名最大，重在文才，又称词科。明法、明书和明算为专门之学，姑略不论。

诗人所重，唯在词科。词科所试，历经发展，定型三场：帖经、诗赋、策试。终唐一代，三场顺序时有变化。帖经、策试，程文而已，其中关键，正在诗赋。诗赋重文采，拼技艺，扬声气，显才具，是主司去取存留的关键。高祖立国，首重文华；太宗承之，大力弘扬。以至天下英雄，偏重诗章，同声相求，大力推动了科举内容的变革。高宗时，诗入试场；玄宗时，正式成型。诗终于登堂入室，居庙堂之上，成为词科翘楚，万众瞩目。不学诗，无以言。唐人终以诗与科举之互动和关联，印证了圣人的教诲；又以空前的热情，参与诗的创作和吟唱，掀起一波波诗艺的竞技，使得诗情得以张扬。文人是其中绝对的主力，诗人则是他们天然的别称。诗中有宏图伟业，万里江山，百世流芳；有千钟俸禄，黄金美屋，绝色红颜。走吧，踏上征程，去寻找梦里的风景，哪怕千辛万苦，只要我心向明月，又何惧他沟渠深？

第一章 干谒——诗路艰难

干者，希求也；谒者，拜见也。所谓干谒，即有所希求而拜见也。如《论语》有"子张学干禄"，《史记》有"上至，相国谒"。二字合用，始于南朝梁沈约《宋书·臧质传》，有"干谒陈闻，曾无纪极"之语，意谓上书陈奏事体，不达目的不罢休。至唐，"干谒"一词已广泛用于诗文，如李延寿《北史》载郦道元弟道约"性多造情，好以荣利干谒"，高适《行路难》有句"有才不肯学干谒，何用年年空读书"。

干谒之行，出自人之追名逐利本性，古已有之。先秦士阶层的兴起，自然需要士人游走诸侯以逞才学，纵横四方以获名利。如《史记》有"阿衡（伊尹）欲干汤而无由，乃为有莘氏媵臣"，《刘氏春秋传》言"伍子胥父诛乎楚，挟弓而去楚，以干阖间"。秦汉以降，天下一统，仕进由荐举征召而来，士人干谒较为活跃。王符《潜夫论》言汉代当权者"请谒填门，礼赞辐辏"，即干谒者登门造请众多。魏晋南北朝以来，取士以门第论，士族子弟坐至公卿，寒士一旦干谒求进，则被掌握话语权的豪门人物讥为躁进轻浮。如《南齐书》载王融上疏自荐，孔稚珪斥其"姿性刚险，立身浮竞，动迹惊群，抗言异类"，意指王融秉性强悍凶险，持身轻浮躁进，行动令人诧异，言语不同常人，皆是贬损之语。萧统在《陶渊明文集序》亦斥责干谒行为，"自衒自媒者，士女之丑行；不忮不求者，明达之用心"。孔萧二人言论，代表其时对干谒行为的主流看法，明显透露出阶层不公的社会对立隐患，故隋唐一统后，统治者为巩固统治根基，不仅不再限制干谒行为，还以诏书形式要求臣民荐举才俊以服务朝廷，从而形成了高官显宦以荐贤为荣，布衣之士以高谈王霸、兼济天下为耀的盛世局面。

唐之科举，仍兼汉之察举特色。主司录人，并不囿于试卷，而是关节、门第、声名等诸多因素综合考量的结果。今日所见唐代干谒诗文，多是寒素者所为，可惜作多而录少；那些凭关节、门第猎取科名者反倒是录多而作少，成为沉默的既得利益群体，自然也是干谒诗文中口诛笔伐的对象。干谒诗文中，文更直接，诗稍婉转。干谒诗投出后，成功或失败，其时心情，亦可据之分析，以见其在科举之途中运转因由。

第一节　曙光

以诗干谒，道路艰难，但并不排除有少数幸运儿借此成名。正因为凭此成功者少，才为人津津乐道而流传开来。这些个案，不啻是艰难诗路上的一线曙光，增强了干谒者的信心，保证并不

断扩充了干谒者的队伍。也正由此，诗与科举的关系才呈现出前
所未有的胶合状态。

一

俗语云，酒香不怕巷子深。完全凭个人才气步入仕途，那多
是现代社会的事，古代社会则较少见。白居易《见尹公亮新诗偶
赠绝句》就曾感慨道："袖里新诗十余首，吟看句句是琼琚。如
何持此将干谒，不及公卿一字书。"尹诗质量再好，但其干谒效
果也不如权要者一张纸条有效，这正是唐人所谓"关节"，即
"造请权要"之意。除权要外，"名流"人物也有相应的影响力。
唐人干谒成功，得以扬名或取第，多因权要或名流的推荐。如李
白，以《蜀道难》诗投赠太子宾客贺知章，大获赏识，贺惊呼为
"谪仙人"，名声大振。

王维，由岐王带入玉真公主府，先演奏《郁轮袍》引起关
注，再以所作诗歌敬献，公主赞叹不已，遂将张九皋之京兆府解
元资格转送王维，王维果然状元及第。白居易，以《草》诗谒顾
况，本来在顾眼中，长安物价尤高，恐居不易，阅诗后，立言
"居何难"，白居易由是获誉。这些人们耳熟能详的佳话，表面上
看起来是诗的功效，实际上关节在其中发挥了更重要、更微妙的
作用。

唐人谓干谒为"求知己""求知音"，权要或名流正是潜在的
干谒对象。以诗干谒成功者，诗作的质量或风格和知己的奖誉相

辅相成，缺一不可。越州（今绍兴）进士朱庆馀赴举，以诗谒著名诗人水部员外郎张籍，《近试上张水部》云：

> 洞房昨夜停红烛，待晓堂前拜舅姑。
>
> 妆罢低声问夫婿，画眉深浅入时无？

诗人托事问举，巧妙贴切。作为大诗人的张籍答得自然不会无趣，《酬朱庆馀》云：

> 越女新妆出镜心，自知明艳更沉吟。
>
> 齐纨未是人间贵，一曲菱歌敌万金。

张籍同样以女喻事，暗指朱诗文俱佳，莫愁及第。朱果然得中，张籍的奖誉和推荐，当起了关键作用。

自屈原以香草美人喻指君臣关系以来，后人多继之。干谒行为中，下层举子需要权要名流们的提携，这就好比女子需要寻找如意郎君一样重要。为此，唐人以男女比干谒，以有"媒"或无"媒"喻己成败之由，并非稀见之事。

二

干谒再多人，最终目的还是想得到主司的青睐。与其如此，不如直接干谒主司？也不是不可，但如果没有提前打通关节，冒昧投献，效果难料。如殷文圭《省试夜投献座主》诗：

> 辟开公道选时英，神镜高悬鉴百灵。
>
> 混沌分来融间气，欃枪灭处炫文星。
>
> 烛然兰省三条白，山束龙门万仞青。
>
> 圣教中兴周礼在，不劳干羽舞明庭。

殷文圭科考后，献此诗于座主，称道其公正廉明，表白自己的自信和期待。然而殷文圭及第主要缘于权奸朱温的荐送，这时献诗倒有"此地无银三百两"的意味。再如顾非熊，近三十举不第，有《陈情上郑主司》：

> 登第久无缘，归情思渺然。艺惭公道日，身贱太平年。
>
> 未识笙歌乐，虚逢岁月迁。羁怀吟独苦，愁眼愧花妍。
>
> 求达非荣己，修辞欲继先。秦城春十二，吴苑路三千。
>
> 茅屋山岚入，柴门海浪连。遥心犹送雁，归梦不离船。
>
> 时节思家夜，风霜作客天。庭闱乖旦暮，兄弟阻团圆。
>
> 朝乏新知己，村荒旧业田。受恩期望外，效死誓生前。
>
> 愿察为裘意，彷徉和角篇。恳情今吐尽，万一冀哀怜。

诗写自己多年不第，羁旅京城；欲返故乡，道路阻隔，天遥地远，且已无家业可依。当此进退维谷之际，还是希望主司能够垂怜一二，识拔于己。作为投赠主司之诗，并无新意，目的也很明显，只是没有效果，主司并未录取他。顾非熊是中唐名诗人顾况之子，顾况当年盛赞白居易，使得白居易年少得名，可惜事过境迁，多年以后，顾非熊却蹭蹬科场数十年。会昌五年（845），多年不第的顾非熊终于撞得大运，是年春榜，一直赏识他的武宗皇帝怪主司弃才，遂下令追加及第。其实也不能全怪主司弃之，顾非熊多年应试，态度却似游戏，据说他为人"滑稽好辩，凌轹气焰子弟，为众所怒"。也就是说他好逞口舌之利，对待权要子弟更是没什么好脸色，终至招来众怒，自损了名声。可能是多年混迹京城，看惯了官场百态，这次及第后，他无意入仕，归隐故山。项斯《送顾非熊及第归茅山》道："吟诗三十载，成此一名难。自有恩门入，全无帝里欢。"倒是写出了他唯求成名而不屑仕进的心志。

落第后，一些人出自本能地埋怨主司，且颇有怨词，这一旦为主司或其他权要所知，对自己再次科考极为不利。聪明的人不会如此逞一时之快而口无遮拦。如章孝标，元和年间下第后，以《归燕词辞工部侍郎》诗献主司痪承宣：

> 旧垒危巢泥已落，今年故向社前归。
> 连云大厦无栖处，更望谁家门户飞。

诗人并未指责任何人，只是平和地以失巢之归燕自喻，言己落第后孤独无依的凄凉处境，果然得主司同情，翌年登第。值得注意的是，唐人干谒诗中咏物为喻的写法，仍可从屈原《橘颂》诗中找到源头，迄至唐，以物喻人，表达不遇和希求之情，多有所见。如蝉，骆宾王《蝉》："露重飞难进，风多响易沉"，李商隐《蝉》："本以高难饱，徒劳恨费声"；又如马，沈佺期《骢马》："借君驰沛艾，一战取云中"，李贺《马》："何当金络脑，快走踏清秋"。当然，如果与主司有旧，那就不必这样以咏物来拐弯了，直接表达效果更好。如刘虚白，与主司裴坦是早年同学，只是二人境遇不同，裴已是礼部侍郎主持科试，刘仍是白衣举子。于是考试当夜，刘献诗于裴：

> 二十年前此夜中，一般灯烛一般风。
>
> 不知岁月能多少，犹著麻衣待至公。

刘终于在老同学的关照下及第。按现代人观念，二人应有一人回避方显公平，但在唐时科举制度不完善的大环境下，这种情况只能算是刘之幸运。不过这一幸运看起来颇多悲凉：为何别人正常能够获得的东西，自己却要拼尽青春才能勉强得到？

如果不能直接与主司套上关系，能迂回攀附上也好。天宝时，皇甫冉落第，向主司杨浚干谒，有《上礼部杨侍郎》诗：

郢匠抡材日，辕轮必尽呈。敢言当一干，徒欲隶诸生。
末学惭邹鲁，深仁录弟兄。馀波知可挹，弱植更求荣。
绩愧他年败，功期此日成。方因旧桃李，犹冀载飞鸣。

此前杨浚知举时，已录皇甫冉之弟皇甫曾。此诗一表感激，又以弱植求荣之心喻出身寒微者的渴望。迂回攀附，效果亦好，后果然被杨录取。

三

不能直接打通主司关节，博得其他权要赏识也好，如李商隐，就是由令狐绹推荐给主司高锴而及第；杜牧，就是由吴武陵推荐给主司崔郾而登第。再如项斯，他以诗干谒国子祭酒杨敬之，杨深喜之，回赠诗曰：

几度见诗诗总好，欲观标格过于诗。
平生不解藏人善，到处逢人说项斯。

项斯数举不第，虽薄有微名，但毕竟不显。经过杨敬之这样一推崇，果然名声骤增，不仅翌年登第，还给后人留下深刻印象，"说项"一词，沿用至今。可惜如杨敬之这样的伯乐毕竟不多，多次失意者往往耐不住脾气，一边仍行干谒之事，一边却忍不住语出讽刺，对权要冷嘲热讽，温庭筠就是这样率性之人。他干谒多人，所投诗文写得凄凉无比，可在别的场合又对权要大加讥刺，弄得自己在京师权要圈中声名狼藉，被评为"有才无行"，以至一生难以中第。其子温宪则不然，下第后题诗于崇庆寺壁。诗云：

> 十口沟湟待一身，半年千里绝音尘。
>
> 鬓毛如雪心如死，犹作长安下第人。

巧合的是，此诗恰好被宰相郑延昌看到。郑是当年温宪科试主司，因温庭筠的"坏名声"而报复其子。但看到此诗后，良心发现，召新任主司赵崇，叮嘱务必让温宪及第，温于是成名。看起来此事与干谒无关，其实这正是温宪聪明之处。他吸取其父一生落拓之教训，不再随意讽刺权要，而是以悲情示人，并挑选了皇帝祭祖必去的崇庆寺壁上书写。他知道，此时权要们是一定会跟随皇帝来的，诗作被看到的可能性很大，这种变相的干谒果然有了效果。所以说，干谒技巧的选用有时比徒逞一时义气要有用得多，不过这也应是其多年不第后殚精竭虑才想出来的策略，偶然性很强，何况还有其父多年的"盛名"作铺垫，对其他不第举子来说，借鉴意义不是很大。

四

以诗干谒权要获得成功，举子们除按正常方式投赠外，有时搞一些哗众取宠的举措，也能起歪打正着之效。初唐时，陈子昂就以著名的"毁琴"之举博得声名；中唐时，薛保逊行卷不计成本，将诗文用大纸、大字装订，同样多的内容要比别人行卷体积大上数倍，人称"金刚杵"；晚唐刘子振亦是，交省卷一般不超过三轴，他偏要交四十轴，弄得考官也无可奈何。不过，此三人都达到了及第目的。再如唐末的卢延让，考了二十五次才及第。他先后干谒过荆南节度使成汭和西川节度使王建，这两位恰恰与晚唐军阀韩简同一文化水平。他投成汭句"饿猫临鼠穴，馋犬舐鱼砧"，投王建句"栗爆烧毡破，猫跳触鼎翻"，都获得了欣赏。他还有省卷诗，有句"狐冲官道过，狗触店门开"。诗当以审美为先，但这些句子除了将畜生的习常动作用诗的形式写出来，见不出任何美感。又有唐末李昌符，诗名早著，就是难第。一日不知从哪里想出一出奇制胜招术，一下子写了五十首嘲讽婢仆们的诗，在京师权要间投赠，留存的如：

> 春娘爱上酒家楼，不怕归迟总不忧。
> 推道那家娘子卧，且留教住待梳头。
> 不论秋菊与春花，个个能噇空腹茶。
> 无事莫教频入库，一名闲物要些些。

诗讥婢女春娘好出门玩耍，懒于家务还总找借口；又讥婢女们个个好吃懒做，手脚还不干净。这些句子虽较俚俗，倒是能道出一些婢仆的常见缺点，因此京中婢仆辈个个都义愤填膺，纷纷要掴李诗人的脸。不知李昌符有没有被掴脸，其名声却是大振，当年果然及第。

五

哗众取宠者虽留下笑柄，但还不至于令人厌憎。如果干谒时攀结士林公认的权宦恶藩以博取科第，即使得逞，也会留下骂名。中晚唐权宦盛行，操弄权柄，左右朝政，甚至废立皇帝，无恶不作，其中以仇士良、田令孜恶名最著。仇士良制造了惨毒冤案"甘露之变"，杀戮大臣，囚禁文宗，可谓士林公敌。举子裴思谦却不计名节，攀附得第。田令孜劫持僖宗，祸害极大，举子黄郁、李瑞游其门而得第。更有以著名诗人秦韬玉为代表的所谓"芳林十哲"，也都是交通中贵，希图科第，以至臭名远扬。秦韬玉《贫女》诗名句"苦恨年年压金线，为他人作嫁衣裳"，据考证，便是其因攀附田令孜而招致朝臣厌弃后的痛悔之词。

攀附恶藩得第而弄坏名声者，首推杜荀鹤。出身贫寒的他多年不第，剑走偏锋，竟然以诗干谒唐末恶藩朱温。一开始，他献《时世行》组诗十首，有"夫因兵乱守蓬茅，麻苎裙衫鬓发焦。桑柘废来犹纳税，田园荒尽尚征苗。时挑野菜和根煮，旋斫生柴带叶烧。任是深山更深处，也应无计避征徭"；又有"八十老翁住破村，村中牢落不堪论。因供寨木无桑柘，为点乡兵绝子孙。还似平宁催赋税，未尝州郡略安存。至今鸡犬皆星散，日落前山独倚门"。他天真地希望朱温省徭役，薄赋敛，自然不为与众军阀激战正酣的朱温所喜。有人劝其改写，杜荀鹤马上来个一百八十度大转弯，写了三十首颂德诗，立获召见。时逢天上无云而雨，受命成诗：

> 同是乾坤事不同，雨丝飞洒日轮中。
> 若教阴朗都相似，争表梁王造化功。

这首诗奉承之意非常明显，将无云而雨的普通天象，说成是梁王朱温盛德感动上苍而降雨来造福百姓，果然大获朱温称赞。得朱温表荐朝廷后，一直害怕朱温的唐末君臣，自然放杜荀鹤及第。其实中晚唐强藩大镇干预科考、荐送文人之事屡见不鲜，人们并不以为过分。只是朱温弑昭宗、哀帝篡唐，多行不义，且朱梁享国时间短，连粉饰的工作也未来得及做，面目自然可憎。杜荀鹤虽凭干谒其得第，但从后果来看自是触了个大霉头，弄得声名狼藉，贻人笑柄。

第二节　阴晦

唐时每年科举录人，明经一百左右，进士三十左右，而赴举者却达数千人之多。大量非才学因素干扰着科第之事，使得干谒之路越发艰难，以诗开路更显阴晦。《文献通考》载唐人干谒之状，颇为形象："天下之士，什什伍伍，戴破帽，骑蹇驴，未到门百步，辄下马，奉币刺，再拜，以谒于典客者，投其所为之文，名之曰'求知己'。如是而又不问，则有再如前所为者，名之曰'温卷'。如是而又不问，则有执贽于马前，自赞曰'某人上谒'者。"可见干谒权要成本不菲，除材料成本外，尚需时间和精力的投入，却大多无果。

一

"何处路最难？最难在长安！长安多权贵，珂珮声珊珊。儒生直如弦，权贵不须干。"

这几句诗出自岑参《送张秘书充刘相公通汴河判官便赴江外觐省》，道尽干谒者的酸楚和愤激之情。所谓"儒生直如弦"，是指相对正直的举子们。他们以为凭才学或苦吟就能打动权要，像贾岛《题诗后》所谓"二句三年得，一吟双泪流。知音如不赏，归卧故山秋"一样，这类举子做不了干谒求人之事，就只能吃亏。其实在唐代，由于科举仍然带有很浓的两汉察举色彩，科考成绩还不是录取与否的全部因素，场外功夫可以堂而皇之地进行，这些都使得几乎所有举子都身不由己地参与到干谒的时代风气之中。特别是我们今天看上去很有名的诗人，按说他们才华横溢，诗作优秀，本该录取，实际情况却是诗路阴晦，干谒之时，处处碰壁，让后人不胜歔歟。

李白出蜀后，一直希望以诗文结交权要，获得荐举，实现其

"寰区大定，海县清一"的人生理想。唐时荐举，一部分无须考试，直接授官；一部分需要考试，与制举重合。当然李白希望获权要荐举，可能一开始并未考虑这么多。他干谒多人，上至皇室宗亲，下至州县官吏，其中以文干谒有名者当数曾任荆州长史的韩朝宗；以诗干谒有名者当数曾任渝州刺史的李邕。李白有《上李邕》诗：

> 大鹏一日同风起，扶摇直上九万里。
>
> 假令风歇时下来，犹能簸却沧溟水。
>
> 时人见我恒殊调，闻余大言皆冷笑。
>
> 宣父犹能畏后生，丈夫未可轻年少。

此诗作于开元八年（720），李白二十岁左右。李邕是渝州刺史，素有荐贤美名，这次不知为何却冷落了李白。李白回敬此诗，表达其凌云壮志和强烈用世之心。虽是求荐不遂后的愤激之语，但仍可看作是以诗干谒后的延续，暗含着激劝和期待。以这首诗为代表，李白多以平等互利之心交结权要，反映了盛唐昂扬自信的时代风貌。在《赠徐安宜》中，言"翳君树桃李，岁晚托深期"；在《赠崔侍御》中，言"扶摇应借力，桃李愿成阴"；在《赠升州王使君忠臣》中，言"应须救赵策，未肯弃侯嬴"；在《与韩荆州书》中，言"生不用封万户侯，但愿一识韩荆州"；都是平交意愿的表达。此类意愿，在初盛唐诗人笔下较为多见，如卢照邻《赠益府群官》"不息恶木枝，不饮盗泉水"，王维《献始兴公》"宁栖野树林，宁饮涧水流。不用食粱肉，崎岖见王侯。鄙哉匹夫节，布褐将白头"，都是自鸣高洁志行、希望平交权要的心态写照。

尽管李白干谒时总是想以平交之心对待权要，但处在被挑选地位的客观现实，依然掩饰不了他作为干谒者总是主动积极的尴尬，这也是唐人干谒时普遍的一种鸵鸟心态或阿Q精神。韩愈在《与凤翔邢尚书书》中道："布衣之士，身居穷约，不借势于王公大人，则无以成其志；王公大人，功业显著，不借誉于布衣之士，则无以广其名。"看上去双方是各取所需，但一方只是扩大声名，另一方却是改变人生处境，孰重孰轻，一目了然，双方只是心照不宣而已。李白当然不是一味地持此心态，碰壁多了，自然有些脾气。《赠张相镐》言"大块方噫气，何辞鼓青苹？斯言傥不合，归老汉江滨"，表示若不能见用，要回湖北；《行路难》叙悲愤言"大道如青天，我独不得出""弹剑作歌奏苦声，曳裾王门不称情"，《梁甫吟》喷怒火："我欲攀龙见明主……阊阖九门不可通，以额扣关阍者怒"，这些都是李白率真情性的流露。不过年老后，逞才斗气之心大减，干谒多为恳求，如《赠崔谘议》"希君一翦拂，犹可骋中衢"，《天马歌》"请君赎献穆天子，犹堪弄影舞瑶池"，自比伏枥的老骥，实在有点悲酸。

初盛唐时，制举兴旺，富有才华者多不愿从入仕较慢的常科进身，而是选择制举甚至荐举之途，梦想"朝为田舍郎，暮登天子堂",平步青云,进入官场上层。而统治者常常出于巩固统治根基之需,也会配合民间这种心理,下诏求贤。所谓贤者,首先是要名望高,这样才有可能为权贵们所知。李白自炫才华,多方求荐,虽屡屡失败,但名声逐渐加大却是事实。后来被征入朝时,玄宗对其言道:"卿是布衣,名为朕知,非素蓄道义,何以及此?"此语是对民间士子干谒求名成果最好的注脚。李白入为翰林,却不是儒者身份,而是道士身份,进不了正式的官僚系统,只能以待诏身份闲处,说明他以诗文干谒权要进而获得官职的努力基本宣告失败。后来在一系列的政治算计中,不失纯真的李白自然不为他人所容,"赐金放还"的结局表明其翰林待诏的身份仍然处在仕途的外围。但在外人眼中,这也总算半只脚已入仕途,何况还有机会接近至尊,前程应是光明的。正因为有像李白这样因名望颇高而入朝者,一批希图巧进者自然选择此类捷径,居于终南山上,身在江湖,心在魏阙,梦想一朝成功。不过安史之乱后,人们讲求实际,这一招术再也不灵了,干谒难度也就更大了。

二

与李白相比,杜甫干谒之路更显辛酸。开元二十三年(735),杜甫参加进士考试,结果下第,他倒不怎么在意,因为他才二十五岁。"忤下考功第,独辞京尹堂","放荡齐赵间,裘马颇清狂"。可到了天宝六载(747),三十七岁的杜甫真的有点急了，准备应制举。为此，他做了很多准备，投诗干谒了汝阳王李琎、时任翰林学士的张洎、尚书左丞韦济等多名权贵。在《奉赠韦左丞丈二十二韵》中，他向韦济吐露了自己干谒的辛酸：

纨袴不饿死，儒冠多误身。丈人试静听，贱子请具陈。
甫昔少年日，早充观国宾。读书破万卷，下笔如有神。
赋料扬雄敌，诗看子建亲。李邕求识面，王翰愿卜邻。
自谓颇挺出，立登要路津。致君尧舜上，再使风俗淳。
此意竟萧条，行歌非隐沦。骑驴十三载，旅食京华春。
朝扣富儿门，暮随肥马尘。残杯与冷炙，到处潜悲辛。
主上顷见征，欻然欲求伸。青冥却垂翅，蹭蹬无纵鳞。
甚愧丈人厚，甚知丈人真。每于百僚上，猥颂佳句新。
窃效贡公喜，难甘原宪贫。焉能心怏怏，只是走踆踆。
今欲东入海，即将西去秦。尚怜终南山，回首清渭滨。
常拟报一饭，况怀辞大臣。白鸥没浩荡，万里谁能驯？

面对这位出身宰相世家的权要，杜甫似乎遇到了真正知音一般向他坦陈心迹。自言少年时勤奋向学，诗作优秀，遂立下宏愿，欲治平天下。无奈现实的残酷，使其十三年流落京师，干谒求人，受尽冷眼。此次好不容易朝廷开考制举，自己却无由得荐，希望对方能够施以援手，必当厚报。遗憾的是，投赠后，未见任何效果，倒是奸相李林甫主持此次制举，以"野无遗贤"骗过玄宗，导致包括杜甫在内的所有考生落榜。

以恳求姿态希望权要赏识，是唐人干谒诗文中的常见做法，杜甫也不例外。此前在《上韦左相二十韵》中，有"为公歌此曲，涕泪在衣巾"句，辛酸无比。南宋大诗人陆游为杜甫感叹，在《题少陵画像》中写道："长安落叶纷可扫，九陌北风吹马倒。杜公四十不成名，袖里空余三赋草。车声马声喧客枕，三百青铜市楼饮。杯残炙冷正悲辛，仗内斗鸡催赐锦。"倒是把老杜干谒的凄凉之状描摹得相当逼真。

放低了自己的姿态，自然会刻意抬高对方的身份。《赠翰林张四学士》是投给宰相张说之子、翰林学士张洎的，诗写道："翰林逼华盖，鲸力破沧溟。天上张公子，宫中汉客星。"张洎贵为驸马，位尊势大。面对这样的权要，杜甫自然不会放过攀结机会。于是接下来在诗中大加称道张之才华和恩遇："赋诗拾翠殿，佐酒望云亭。紫诰仍兼绾，黄麻似六经。内分金带赤，恩与荔枝青。"张之荣宠令人艳羡。结尾自然须表达求助之意："无复随高凤，空馀泣聚萤。此生任春草，垂老独漂萍。傥忆山阳会，悲歌在一听。"以春草、漂萍喻己之卑贱，以魏晋名士之山阳聚会希望唤起张之念旧之情。尽管老杜极力放下身段，可从后来行迹来看，这次干谒同样没起到什么作用。

干谒有时如同中奖一样艰难，杜甫投赠多人，效果并不明显，情急之下，病急乱投医，对一些名声不好的权要大加吹捧，贻人话柄，显出老杜干谒诗路阴晦难堪的一面。哥舒翰是盛唐边帅，因滥杀冒功遭人非议，杜甫曾作《兵车行》诗讽刺之。可惜年届不惑又穷困潦倒的老杜似乎忘记了当年的愤青时光，在《投赠哥舒开府二十韵》中，称赞哥舒翰道："今代麒麟阁，何人第一功？""开府当朝杰，论兵迈古风。先锋百胜在，略地两隅空。青海无传箭，天山早挂弓。廉颇仍走敌，魏绛已和戎。"赞其靖边之功堪比古之名将。如果说称赞哥舒翰还有点理由的话，杜甫为干谒求仕而无原则地称道与杨国忠狼狈为奸的鲜于仲通父子，就有点出人意料了。其在《奉赠鲜于京兆二十韵》中道："王国称多士，贤良复几人？异才应间出，爽气必殊伦。始见张京兆，宜居汉近臣。"称鲜于仲通为贤良杰出之士，并将其与汉时治京兆的名臣张敞相比。最后表达希求之意："有儒愁饿死，早晚报平津。"再把鲜于仲通比作汉代延纳士人的贤臣平津侯公孙弘。鲜于仲通之子鲜于炅迁官，杜甫也不失时机地送上祝贺，有诗《送鲜于万州迁巴州》："京兆先时杰，琳琅照一门。朝廷偏注意，接近与名藩。祖帐排舟数，寒江触石喧。看君妙为政，他日有殊恩。"这样的诗作，在杜甫诗集中确实有点另类，但人之穷达，或在乎心，或在乎位，如果一味不顾事实进行干谒吹捧以求仕进，着实令人生厌。好在老杜碰壁多了，也就认清了一些权要的真面目，安史之乱后，像这样的阿谀之作，基本绝迹。

三

　　李白名声大，干谒行为一贯张扬，相关诗歌流传颇广，后人欣赏的不是他的脸皮，而是他平交王侯的底气。杜甫一贯低调，干谒诗也不多，关注度不高。倒是一向以悠游林泉形象示人的孟浩然，干谒次数不多，效果也不佳，弄出的动静却不小。据《新唐书》载，开元十六年（728），年届不惑的孟浩然到京城谋仕，曾以"微云淡河汉，疏雨滴梧桐"句名动京城。一日兴起，到好友王维供职的翰林院走动，不料玄宗忽至，匿于床下。王维不敢欺君，只好让孟出来参见。这一干谒的好机会可谓千载难逢，不料孟浩然可能久居山林，未见过大场面，也或许是紧张所致，信口吟诗一首：

北阙休上书，南山归敝庐。不才明主弃，多病故人疏。
白发催年老，青阳逼岁除。永怀愁不寐，松月夜窗虚。

诗题为《岁暮归南山》，应是后加。惹祸的是"不才明主弃，多病故人疏"句，据说玄宗听后大为不满，道："卿不求仕，而朕未尝弃卿，奈何诬我？"皇帝一生气，后果很严重，结果孟被放还。孟浩然灰头土脸地回到襄阳，荆襄地方长官韩朝宗怜其才，欲举荐他，并约好日期一同进京，不料孟浩然却因饮酒爽约，惹得韩朝宗大怒。又过了八年，即开元二十四年（736），张九龄被李林甫排挤至荆州任都督府长史，主政荆州，孟浩然仕进之心又起，投诗干谒，即《临洞庭湖上张丞相》：

八月湖水平，涵虚混太清。气蒸云梦泽，波撼岳阳城。
欲济无舟楫，端居耻圣明。坐观垂钓者，徒有羡鱼情。

朱士瑛《洞庭秋月图》

这次干谒小有收获，得入张之幕府，但好景不长，府罢，归乡后，绝意仕途。孟浩然的遭遇，在盛唐诗人中颇为罕见，从其为数不多的几次求仕来看，他生性疏懒，拙于交际，对求仕之事并未特别上心，干谒诗作也很少，应该说大部分都是不成功的教训。

四

诗路不畅，干谒难成，有时还真不能全怪权要们无情。一是求请者众，无法一一满足；二是权要们自有苦衷，也只能是爱莫能助。裴贽主试时，唐宗室远支子孙李洞就在科场中献诗给他，有句"公道此时如不得，昭陵恸哭一生休"。作为主考官，求请者多不说，裴贽接受主考任务时，昭宗还要求对当时流行的苦吟僻涩之诗风有所抑制。李洞不仅诗风僻涩，还特别仰慕苦吟的贾岛，曾铸贾之小尊肖像戴于头顶，自然属于这次科考摒弃的对象。李洞入试后似乎已有感觉，故以唐突之举干谒裴贽，其中言其欲"昭陵恸哭"，那可不是闹着玩的，唐人把太宗李世民看得很重，只有遇到了天大的冤屈又无处申诉者，才去昭陵大哭一场，以引起朝廷重视进而加以解决。李洞于此时此地干谒投诗而又危言耸听，自然是抱着最后一搏的心志，结果也就可想而知了。当时就有人为李洞打抱不平，詈裴贽不公。后来裴贽无子，有人就幸灾乐祸地说是其屈李洞所致，当然这只是巧合罢了。

唐太宗昭陵

　　刘得仁的遭遇与李洞有相似之处。据《唐摭言》载，他是"贵主之子"，也就是说他是公主之子。公主之子考进士也要这么费劲？具体情形虽难以考知，但唐代公主众多，公主之子虽是皇亲，却不能入读京师贵族学校弘文馆和崇文馆，所以刘得仁曾言："外家虽是帝，当路且无亲。"看来可能是皇帝换得频繁了些，其母与当今圣上血缘已疏，又加上与朝中权要无至亲关系，遂沦落到与普通士子一般境地。他干谒御史大夫李景让，有《陈情上李景让大夫》诗：

　　一被浮名误，旋遭白发侵。裴回恋明主，梦寐在秋岑。
　　遇物唯多感，居常只是吟。待时钳定口，经事压低心。

辛苦文场久，因缘戚里深。老迷新道路，贫卖旧园林。
晴赏行闻水，宵棋坐见参。龛留闲去问，僧约偶来寻。
望喜潜凭鹊，娱情愿有琴。此生如遂意，誓死报知音。
上德怜孤直，唯公拔陆沉。丘山恩忽被，蝼蚁力难任。
作鉴明同日，听言重若金。从兹更无限，翘足俟为霖。

诗言其虽多年不第，仍苦吟不辍，以至弄得生计无着，只好变卖家业。如果能够得到赏识荐举，自当终生铭记。诗作寻常，诗意明白，似乎只有等待李景让的提携了。可惜他投赠前也未打听一下，这位李景让可是个出名的廉洁表率。他的亲弟弟李景庄参加科考，他都不愿意求人，气得老母曾当众鞭打这位已两鬓斑白且居高位的长子，何况外人？除李景让外，刘得仁还干谒过薛能。可惜这次他还是找错了人。时人都知道薛能作诗自我感觉良好，还喜欢讥讽别人，连李杜都不能幸免，刘得仁去求他，自然是自讨没趣。果然，薛能看到刘得仁的诗作后，直截了当地发表了高论："千首如一首，卷初如卷终。"讥其无变体，读来单调乏味。薛能所批不无道理，但太过直白，让人一下难以接受。不过翻看刘之诗作，几乎全是五言，似乎只会这一种诗体；他所交往的人，全是僧道和寒士，属社会中下层圈子，难怪连干谒之门路都这样陌生。辛文房在《唐才子传》中称赞他这种古拙行为："甘心穷苦，不汲汲于富贵。王孙公子中，千载求一人不可得也。"说的倒是实情。就这样，他以士族子弟身份，竟然出入举场三十年一无所获，死时，僧人栖白《哭刘得仁》诗道出了众人心声："忍苦为诗身到此，冰魂雪魄已难招。直教桂子落坟上，生得一枝冤始销。"虽然诗路晦暗，但也看出当时科考对士人精神的统占力度之大，真是可悲亦复可叹！

干谒大多难成，有人能够忍气吞声，有的却语出讥刺，发泄不满。如罗隐就是怨刺太盛，朝中权要均对其印象不佳，及第也就很难。来鹏也是如此，《唐才子传》言其讥讪诗句很多，权要们每称赏其诗清丽，但一看到诗意带刺，就不高兴了。如《金钱花》"青帝若教花里用，牡丹应是得钱人"，暗含富贵人家钱财来路不正；《夏云》"无限旱苗枯欲尽，悠悠闲处作奇峰"，刺当权者尸位素餐，不拯救民生疾苦而自顾享乐；《偶题》"可惜青天好雷电，只能惊起懒蛟龙"，认为朝臣有负圣恩，不思报效反倒浑浑噩噩。考前所纳省卷中，有"一夜绿荷风剪破，嫌它秋雨不成珠"句，明显是不吉利的话语，果然也未能中第。更有些举子可能受挫太多，一时气愤，便翻脸不认人，不仅投诗讽刺，有的甚至还上门责骂，虽恶名被身也在所不惜。刘鲁风干谒权要，因无钱支付门客小费，竟被阻拦，遂作《江西投谒所知为典客所阻因赋》抒怨：

万卷书生刘鲁风，烟波万里谒文翁。
无钱乞与韩知客，名纸毛生不肯通。

无钱买通门客，哪怕递上多次的名帖都生了毛，也得不到对方的通融。很明显，这是一首带有告状意味的诗，只是不知这位权要看到没有。再如被看作"举场十恶"之一的平曾，他曾谒宰相李固言，两次投赋不果，遂留《谒李相不遇》诗：

> 老夫三日门前立，珠箔银屏昼不开。
> 诗卷却抛书袋里，正如闲看华山来。

一怒之下，再也不来了，只当是到京郊的华山旅游了一趟。之所以如此，可能缘于其曾得京兆府解头却被斥落的遭遇，遂游戏不恭。他还有《留别薛仆射（薛平仆射出镇浙西主礼稍薄曾留诗讽之）》：

> 梯山航海几崎岖，来谒金陵薛大夫。
> 毛发竖时趋剑戟，衣冠俨处拜冰壶。
> 诚知两轴非珠玉，深愧三缣恤旅途。
> 明日过江风景好，不堪回首望勾吴。

诗言自己千辛万苦来到金陵干谒对方，对方一本正经地接见了自己。虽然心知自己投赠的诗文并不是很优秀，对方还是回赠了一些旅费打发了自己。本是一个普通干谒场景，虽不成功，主方毕竟有所表示，还不算太坏。可最后两句言其准备翌日过江北去，而金陵也就成了他的伤心地而再难回首。这样说就有点不厚道了，对方看后觉得诗人不仅带着遗憾，更带着怨恨离开，人家心里自然不快。留别一首诗，留下一段怨，何必呢？今人读唐诗，有时从朴素的情绪出发，一味同情这些怀才不遇的诗人，如果客观公正地分析一下，有时还真不能只怪权要者一方。

第二章　科考——诗艺比拼

　　隋时科举，并不试诗。唐初以降，诗坛承南朝沈约、谢朓"永明体"余绪，作诗渐讲章法，律绝诗体渐兴，评判诗艺有了较为显性的尺度，为诗入科举提供了可能。再加上传统的试策、帖经等考试内容亦见弊端，将有韵之诗赋纳入科考之呼声日高。高宗永隆二年（681），颁"进士试杂文两首"诏令，确认了进士科"词科"特点，将文学水平作为重要的衡量标准。杂文者，诗赋也，定形于玄宗天宝之际。也就是说，诗入科考，主要在进士一科，制举试诗极少，明经等其他常举也不试诗。进士科试三场，中唐以前，依序为帖经、诗赋、策文；中唐后，序为诗赋、帖经、策文；晚唐后，序为诗赋、策文、帖经。由于帖经为背诵，策文常为老生常谈，真正能够一较才华高下的，只有诗赋，主司褒贬，正在于此。当然，诗赋同为韵文，起码技巧上大同小异，而诗较赋又大多短而易读，故真正引人关注的还是诗。文人参加科考，必经州、府、监、寺解送后方可参加省试，故以此分列。

第二章 科考——诗艺比拼·31

第一节　解送

获得解送资格，是文人参加省试的前提。韩愈《赠张童子序》就明经的程序道："天下之以明二经举于礼部者，岁至三千人。始自县考试定其可举者，然后升于州若府。其不能中科者，不与是数焉，州若府总其属之所升，又考试之如县，加察详焉，定其可举者，然后贡于天子而升之有司，其不能中科者，不与是数焉，谓之乡贡。"据此亦可推知乡贡进士解送程序。安史之乱前，重两监而轻乡贡，乱后则反之。其实，县级考试可能在初盛唐前还存在，中晚唐以后似乎已经名存实亡，文人求贡时也很少向官阶较低的县级官员干谒。特别是晚唐时出现的"拔解"现象，连州府试都不亲自参加了，更遑论县试。唐代读书者众，能够流传文名和作品下来的，绝大多数是获得过解送资格者；那些连入京资格都没能得到的，基本上都湮没无闻了。而且获得解送资格，往往也要参照省试样式试诗，可以说是一场省试前的预赛。

一

地方州府试主要是看诗赋创作水平，白居易在杭州刺史任上主持解送，徐凝赋作水平超过张祜，徐凝遂得首荐而引起争议，就说明诗赋在荐送时的重要性。地方州府试诗一般同省试，五言六韵。由于规定了诗题，内容上难以出彩，主要看是否合律。如江西状元卢肇有《江陵府初试澄心如水》诗：

> 丹心何所喻，唯水并清虚。莫测千寻底，难知一勺初。
> 内明非有物，上善本无鱼。澹泊随高下，波澜逐卷舒。
> 养蒙方浩浩，出险每徐徐。若灌情田里，常流尽不如。

全诗内容上围绕"澄心"作一表白，无甚新意，但合律。全诗押平声"鱼"韵，中间几联皆对偶，平仄对得也比较工稳。福建名士黄滔有《广州试越台怀古》诗：

> 南越千年事，兴怀一旦来。歌钟非旧俗，烟月有层台。
> 北望人何在，东流水不回。吹窗风杂瘴，沾槛雨经梅。
> 壮气曾难揖，空名信可哀。不堪登览处，花落与花开。

此诗破题有气势，情由景生，寄托了自己漂泊异乡求贡的身世感慨。押韵工稳，极其合律。一般情况要求六韵，也有不足此数者，如李贺参加河南府试，作《河南府试十二月乐词·五月》：

> 雕玉押帘额，轻縠笼虚门。井汲铅华水，扇织鸳鸯纹。
> 回雪舞凉殿，甘露洗空绿。罗袖从徊翔，香汗沾宝粟。

诗写初夏贵族生活场景，虽只有四韵，但较为合律。又有吕温《河南府试赎帖赋得乡饮酒诗》：

> 酌言修旧典，刘楚始登堂。百拜宾仪尽，三终乐奏长。
> 想同莺出谷，看似雁成行。礼罢知何适，随云入帝乡。

府试仿省试，以三场定胜负。帖经可用诗替，此诗即为此而作。诗言举子们行乡饮酒礼情形，表达自己对此次求贡成功的期待。通篇押一"昂"韵，可能只是赎帖用，四韵而足。

在何地求贡，诗人们自有考量。若在京城以外的州府求贡，需面对解送名额少、竞争大，有时还会受人歧视的风险。关于唐代举格，《唐摭言》记载最详：

公卿百寮子弟及京畿内士人、寄客、外州府举士人等修明经、进士业者，并隶名所在监及官学，仍精加考试。所送人数：其国子监明经，旧格每年送三百五十人，今请送三百人；进士，依旧格送三十人；其隶名明经，亦请送二百人；其宗正寺进士，送二十人；其东监、同华、河中所送进士，不得过三十人，明经不得过五十人。其凤翔、山南西道东道、荆南、鄂岳、湖南、郑滑、浙西、浙东、鄜坊、宣商、泾邠、江南、江西、淮南、西川、东川、陕虢等道，所送进士不得过一十五人，明经不得过二十人。其河东、陈许、汴、徐泗、易定、齐德、魏博、泽潞、

幽、孟、灵夏、淄青、郓曹、兖海、镇冀、麟胜等道，所送进士
不得过一十人，明经不得过十五人。金汝、盐丰、福建、黔府、
桂府、岭南、安南、邕、容等道，所送进士不得过七人，明经不
得过十人。其诸支郡所送人数，请申观察使为解都送，不得诸州
各自申解。诸州府所试进士杂文，据元格并合封送省。准开成三
年五月三日敕落下者，今缘自不送所试以来举人，公然拔解；今
诸州府所试，各须封送省司检勘，如病败不近词理，州府妄给解
者，试官停见任用阙。

且以与本书讨论相关的进士科为例。除国子监和宗正寺外，
地方州府每年解送名额分三十、十五、十一、七四档，名额不
多，竞争大，落选也就在所难免。卢象《乡试后自巩还田家，因
谢邻友见过之作》写道："鸡鸣出东邑，马倦登南峦。落日见桑
柘，翳然丘中寒。邻家多旧识，投暝来相看。且问春税苦，兼陈
行路难。园场近阴壑，草木易凋残。峰晴雪犹积，涧深冰已团。
浮名知何用，岁晏不成欢。置酒共君饮，当歌聊自宽。"乡试即
地方解送试，明显是求解不成后的自宽之词。孟郊曾在湖州取解
失败，写有《湖州取解述情》："雪水徒清深，照影不照心。白鹤
未轻举，众鸟争浮沉。因兹挂帆去，遂作归山吟。"言其失意后
以追求归隐的高洁情志来排遣郁闷心情。

求贡于地方州府虽有不利之处，但如果遇到惜才的藩镇，还
是会有好处的。大中年间，崔铉镇荆南，刘蜕取解。此前多年荆

南无人及第,这次崔铉痛下决心,资刘蜕七十万钱赴京应试,果然及第,是谓"破天荒"。钟传于唐末镇江西达二十年之久,文人于江西取解成功的,头名赠三十万钱,第二名赠二十万钱,其余也有十万钱赠送。一传十,十传百,外地赴江西求解文人络绎不绝,刘望《献江西钟令公》诗云:"负笈蓬飞别楚丘,旌旆影里谒文侯。即随社燕来朱户,忽听鸣蝉泣素秋。岁月已嗟迷进取,烟霄只望怨依投。那堪思切溪山路,家苦箪瓢泪欲流。"很明显,这位文人来自湖北,不辞千里至江西求荐。

二

求贡于地方虽偶有好处,但在整个唐代毕竟少见,对多数诗人来说可遇而不可求;何况求贡目的在于科考成功,如果一个地方虽无钱财资助,但有录取方面的优势,估计大多数人还是希望在此处取解的,风物长宜放眼量嘛,京城长安正是这样一个特殊的地方。

上文所引会昌举格,并未言京兆府解送人数,但据《唐摭言》等材料归纳,仅进士科就有百人左右,这就远比外地要多。京兆府解送至省试的,不仅成功率高,而且若不第的,还可向礼部移文询问缘由,其他州府则无此特权。为此,京兆府试官常将解送者分等级,前十名叫"十等第",头名叫府元,能够名列其中者,等于一只脚已跨进龙门,以至于有获得前十名的提前庆祝及第的荒唐事发生。这样,京兆府试经常成为文人们关注的焦点,所试诗的水平也为人们所留意，流传下来的相对也就多一些。

王维十九岁得为京兆府解元，传是玉真公主推荐。且不管裙带关系如何，他这首府试诗《清如玉壶冰》写得还是很不错的：

> 玉壶何用好，偏许素冰居。未共销丹日，还同照绮疏。
> 抱明中不隐，含净外疑虚。气似庭霜积，光言砌月馀。
> 晓凌飞鹊镜，宵映聚萤书。若向夫君比，清心尚不如。

唐代科举试题有时好以汉魏六朝人诗文为本，此题即出自鲍照《代白头吟》："直如青丝绳，清如玉壶冰。"鲍诗悲君臣、夫妇、朋友之情难以长久，令人心寒；王维此诗则以玉壶之冰如霜一样坚贞、如月一样高洁的特性，表达对人间真情的渴望，内容合题，韵脚吻合，是一首优秀的应试诗，可为王昌龄《芙蓉楼送辛渐》中名句"洛阳亲友如相问，一片冰心在玉壶"作一很好注解。再看李益这首《府试古镜》：

> 旧是秦时镜，今藏古匣中。龙盘初挂月，凤舞欲生风。
> 石黛曾留殿，朱光适在宫。应祥知道泰，鉴物觉神通。
> 肝胆诚难隐，妍媸信易穷。幸居君子室，长愿免尘蒙。

此诗与上首试诗一样，出题者均希望考生以物喻人，强调有志于步入官场者保持高洁人品的重要性。李益此诗正与此旨吻合，通过对古镜肝胆相照、不虚美、不隐恶的本性描述，表达诗人对古君子之风的由衷赞美。通篇押韵工稳，刻画贴切，不失为一首很好的应试诗作。再列几首京兆府试诗，以见此类诗作概貌。郑谷《京兆府试残月如新月》：

> 荣落何相似，初终却一般。犹疑和夕照，谁信堕朝寒？
> 水木辉华别，诗家比象难。佳人应误拜，栖鸟反求安。
> 屈指期轮满，何心谓影残？庾楼清赏处，吟彻曙钟看。

刘得仁《京兆府试目极千里》：

> 献赋多年客，低眉恨不前。此心常郁矣，纵目忽超然。
> 送骥登长路，看鸿入远天。古墟灯幂幂，穷野草绵绵。
> 树与金城接，山疑桂水连。何当开霁日，无物翳平川。

马戴《府试观开元皇帝东封图》：

> 俨若翠华举，登封图乍开。冕旒明主立，冠剑侍臣陪。
> 迹类飞仙去，光同拜日来。粉痕疑检玉，黛色讶生苔。
> 挂壁云将起，陵风仗若回。何年复东幸，鲁叟望悠哉。

吴融《府试雨夜帝里闻猿声》：

雨滴秦中夜，猿闻峡外声。已吟何逊恨，还赋屈平情。

暗逐哀鸿泪，遥含禁漏清。直疑游万里，不觉在重城。

霎霎侵灯乱，啾啾入梦惊。明朝临晓镜，别有鬓丝生。

四诗切题俱佳，押韵工稳，体现了典型的省试诗风格。

京兆府的特殊地位，使得其每年解送时格外令人关注。唐时科举虽然有诸多不公因素，但并非有人想象的那么不堪，起码的公道还是存在的，否则其维系社会阶层升降的基本功能便会丧失，这是最高统治者所不愿看到的。《唐摭言》记载了咸通末年李频主持的一次京兆府试情形。李频出身贫寒，此次受命主试，当时有些名气的"十哲"人士均来参试，主要有张乔、许棠、任涛、郑谷、温宪、李昌符等人。试题为《月中桂》，根据评比，张乔作得最好：

与月长洪蒙，扶疏万古同。根非生下土，叶不坠秋风。

每以圆时足，还随缺处空。影高群木外，香满一轮中。

未种青霄日，应虚白兔宫。何当因羽化？细得问神功。

月中桂意象，既是人类想象之景，也是唐人及第所指的化身，历来就有"蟾宫折桂"之喻。因此，此题与唐代大多省试类诗题一样，均是弘扬"正能量"和"主旋律"的产物，是让考生既有话说又不可能乱说的"好"题目。张乔此诗，较好地阐述了月中桂树的神奇特点，最后寄寓自己内心的期冀，景情交融，意境不俗，读后令人顿生飘飘欲仙之感，且韵脚合律，极为妥帖。其他人的诗作可能不如此诗，也就没有记载，我们也就难以再一一比较了。正常来说，应以张乔为解元。但试官李频以许棠年长且数举未第，同情地以为解元，许棠当年果然及第，而张乔则落第。不过此事整个过程中充满温情，因为李频与张乔、许棠是多年好友，连当时的京兆府尹薛能也与二人有旧。薛能还以诗安慰过张乔："何事尽参差，惜哉吾子诗。日令销此道，天亦负明时。有路当重振，无门即不知。何曾见尧日，相与啜浇漓。"表达对张乔怀才不遇的同情和对社会不公的感慨。

除京兆府有很大优势外，同州、华州占近水楼台之利，在中晚唐时可比同节镇，单独申解，而不像其他地方州那样还要过节镇藩帅审核一关。这样，经过了各地州府（含京兆府）试合格者，便获得了赴京参加尚书省礼部试的资格，统称为乡贡举人，他们既是唐代科考的主力，也是唐诗创作最为主要的群体。

三

唐代贡举人群体除乡贡举人外，还有来自长安、洛阳国子监学生以及宗正寺推荐的宗亲子弟。监寺解送同样试诗，比同省试。由于这方面材料稀少，我们只能通过一些相关记载加以分析。

关于国子监试诗，《唐摭言》记有温庭筠一次主秋试情形，获得解送资格的有邵谒、李涛、任涛、卫丹、张郃等人，并将他们的诗作榜于都堂之上，但并未将所试诗列出。邵谒的诗被榜贴了三十余首，并加了评语："识略精微，堪裨教化，声词激切，曲备风谣，标题命篇，时所难著，灯烛之下，雄词卓然。"意思是邵诗见识独到，内容合乎儒家思想规范；言词率直，有国风余韵；在考场之中，能够根据考题作出宏篇佳构，实为难得。可惜的是到底所榜诗内容如何却不得而知。翻查邵谒今存诗作，温之评语还是符合实际的，如这首《战城南》："武皇重征伐，战士轻生死。朝争刃上功，暮作泉下鬼。悲风吊枯骨，明月照荒垒。千载留长声，呜咽城南水。"表达了对玄宗时强力开边政策的不满，确有汉乐府遗风。另外还提到了李涛的诗，有名句如"水声长在耳，山色不离门""扫地留树影，拂床有琴声""落日长安道，秋槐满地花"等，也颇有意味。明确为监试诗，有刘得仁《监试莲花峰》：

> 太华万馀重，岩峣只此峰。当秋倚寥泬，入望似芙蓉。
> 翠拔千寻直，青危一朵秾。气分毛女秀，灵有羽人踪。
> 倒影侵官路，流香激庙松。尘埃终不及，车马自憧憧。

华山莲花峰，地势险要，峭拔秀丽。全诗围绕此点展开，暗含作者对及第如登仙的向往心情。

宗正寺是管理李唐皇室宗亲的机构，有时还监管一些宗教事务。据《新唐书》，宗正寺也可解送宗室子弟参加省试："武后之乱，改易旧制颇多。中宗反正，诏宗室三等以下、五等以上未出身，愿宿卫及任国子生，听之。其家居业成而堪贡者，宗正寺试，送监举如常法。"可见朝廷为解决宗室子弟就业问题，还是想了不少办法的。这些人可自由选择担任宫廷宿卫人员，也可入国子监就读；如果在家已学有所成者，还可在考试通过之后成为贡举人，参加一年一度的礼部试。如"诗鬼"李贺，本为唐初郑王李亮后裔，但至李贺时，与皇室关系已相当疏远，又由于父名"晋肃"，而"晋"与"进"同音，须避讳而失去考进士资格，自然也就没有参加宗正寺试的资格，只好担任奉礼郎这样一名宿卫类的微官，最后凄怨而死。

四

　　获得各地州府或监寺解送资格者，统一称贡举人。这一身份虽还不能入仕，但比起未获得者，还是有些好处的。一是申请入读国子监后可免除个人课役；二是免于从军，时限一年。邵谒《下第有感》就有"尝闻读书者，所贵免征伐"，这里所谓"读书者"，当然应指获得贡举身份的人。这样的规定，迫使大量文人常年奔波在科考之路上，备尝艰辛。

温庭筠《商山早行》诗意图

　　科考前，需要静处读书以提高学识，人情冷暖之感体味最深。《唐诗纪事》载王播事，曰王播幼时孤贫，曾寓居扬州惠照寺木兰院读书，与僧人同食。由于无钱财交纳，僧人们讨厌他，故意饭后才敲钟，致使其只能以残茶剩饭果腹。后来王播出镇淮南，再至该院寻访，以前题名全都被用碧纱笼罩。感慨之余道："三十年前此院游，木兰花发院新修。如今再到经行处，树老无花僧白头""上堂已了各西东，惭愧阇黎饭后钟。三十年来尘扑面，而今始得碧纱笼"，一叹物是人非，一叹人情凉薄。

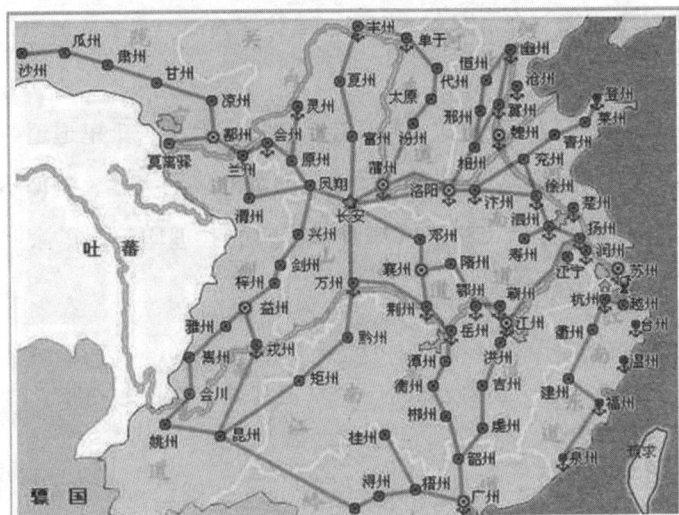

唐代陆路交通图

获得解送之资后，去往长安之路并不容易。长安地处关中平原腹地，以东都洛阳、汴州（今河南开封）、曹州（今山东定陶西）、青州（今山东益都）、魏州（今河北大名）、沧州（今河北沧州）、晋州（今山西临汾）、北都（今山西太原）、甘州（今甘肃张掖）为交通支点，形成了一张东至山东半岛、南至广东珠江流域、东北至外兴安岭、西至中亚诸国的交通大网络。除长安本地举子外，外地举子都要经历长途跋涉方可到达。刘希夷《饯李秀才赴举》：

> 鸿鹄振羽翮，翻飞入帝乡。朝鸣集银树，暝宿下金塘。
> 日月天门近，风烟客路长。自怜穷浦雁，岁岁不随阳。

这首唐代最早叙写送人赴举诗，表达了对举子千里迢迢西上入京的期待和伤感，入京就试的举子恰如北飞的大雁，偏偏不能像其他同类一样南飞过冬，却留下苦寒的心理印记。崔涂《灞上》亦言入京酸楚：

> 长安名利路，役役古由今。征骑无闲日，绿杨无旧阴。

湖南诗人刘蜕言其家距长安四千里，往来一趟需半年以上，其间的费用不是个小数目。除必要的食宿开支外，交通费亦颇为不菲。购置和喂养驴马需要费用，马价高于驴价很多，贫穷者只好骑驴，更穷的只好步行。

如江西王贞白《随计》道："徒步随计吏，辛勤鬓易凋。"遇到水路，还要船资。元和中，闽地寒士周匡物徒步赴举，过钱塘江，无钱支付船资，久困之余，只好在公馆墙壁上题诗云：

万里茫茫天堑遥，秦皇底事不安桥。

钱塘江口无钱过，又阻西陵两信潮。

　　由于题诗位置醒目，为刺史所见，才下令自此以后免却所有
举子船资，这才解了周匡物的燃眉之急。

广东翁源汉唐古道

　　获得解送资格，是文人踏上求仕之路的第一步，当然也是颇
为重要的一步。对于日后仕宦有成者来说，这一步当然值得庆

幸。对于那些终生蹭蹬科场却未沾一第者，年华都在一年年的等待和失望中渐渐耗尽。得也，失也？且看白居易《悲哉行》的感叹：

> 悲哉为儒者，力学不知疲。读书眼欲暗，秉笔手生胝。
> 十上方一第，成名常苦迟。纵有宦达者，两鬓已成丝。
> 可怜少壮日，适在穷贱时。丈夫老且病，焉用富贵为？

第二节　省试

槐花黄，举子忙。贡举人按期聚集在京城后，各种事务都须自己打理，自然是忙得不可开交。安顿下来后，需要报到、纳省卷、干谒权要、结交朋友、参加各种宴集等，这些都是进场前对金钱和精力的大消耗。入试后，一场一场考下来，身心交瘁。这一系列的人生经历，诗歌在其中起着微妙而又重要的作用。

一

外地举子进京后因为至少要待上几个月时间，安顿下来颇为不易。长安人口众多，粮食主要依靠江南漕运供给，生活成本很高。白居易入长安，谒顾况，顾言"长安米贵，居大不易"的故事时人耳熟能详，很能说明问题。姚合《送李馀及第归蜀》"长安米价高，伊我常饥渴"，米价高竟弄得诗人经常挨饿。孟郊和贾岛在京城穷到要赖野菜充饥。孟郊《赠别崔纯亮》："食荠肠亦苦，强歌声无欢。"张籍《赠贾岛》言贾："拄杖傍田寻野菜，封书乞米趁时炊。"到了长安，要与人交往，宴饮集会之事是免不了的，酒钱也就成了一项不容忽略的支出。送别、祝贺、安慰、小聚等文人雅事，酒是其中的主要媒介，迎来送往，几乎处处都需要。有时为了面子，哪怕赊欠或典衣也要备下酒席。如张乔《赠进士顾云》："与君愁寂无消处，赊酒青门送楚人。"白居易《自劝》："忆昔羁贫应举年，脱衣典酒曲江边。"

　　住宿的费用也颇不便宜，长安城的住宿条件多样，少数有钱者可住进上好的旅店，大量普通举子只能租赁寺院、道观房舍或是花少量钱寓居在坊居里宅等贫陋之所，住宿环境当然不好。如李端《长安感事呈卢纶》："草舍才遮雨，荆窗不碍风。"马戴《灞上秋居》："灞原风雨定，晚见雁行频。落叶他乡树，寒灯独夜人。空园白露滴，孤壁野僧邻。寄卧郊扉久，何门致此身。"雍陶《旅怀》："旧里已悲无产业，故山犹恋有烟霞。自从为客归时少，旅馆僧房却是家。"刘沧《长安逢友人》："荒台共望秋山立，古寺多同雪夜吟。"曹邺《下第寄知己》："归来通济里，开户山鼠出。中庭广寂寥，但见薇与蕨。"这些举子在长安的住处，可谓满目凄凉。需要说明的是，寄居寺院者除家贫外，还有一便利是方便学习，严耕望在《唐人习业山林寺院之风尚》一文中总结道："佛寺既多置义学，僧侣自为之师，以教授俗家子弟，既为社会服务，亦借此可以吸引优良信徒。寒士既不能自给，自乐于投身寺院习业，度其数必甚多也。"

长安净业寺

　　长安地处西北，四季变化明显，换季衣物必不可少。由于许多举子并不能一举成名，只好寓居长安习业以备来年，名为"过夏"。衣物除家里寄来外，还需自己根据季节变化随时添置，费用也不少。唐时举子为表明身份，需在衣外罩以麻衣。所以一到秋冬，长安城里举子纷纷着上麻衣，声势浩大。牛希济《荐士论》说得很是形象："郡国所送，群众千万，孟冬之月，集于京师，麻衣如雪，纷然满于九衢。"麻衣自然是褐质，白色，成名后关试通过者，方须脱下，俗谓"释褐"。由于麻衣是统一样式，家贫者便向释褐者乞赠，即所谓"送出城人乞旧衣"。张籍《送李馀及第后归蜀》亦言："十年人咏好诗章，今日成名出举场。归去唯将新诰牒，后来争取旧衣裳。"后来，即未第者，不仅图个彩头，对贫寒者还可节约一笔费用。张籍又有《送人任济阴》"将书报旧里，留褐与诸生"，一样是把旧麻衣赠与未第者。多年难第且贫寒者，麻衣常常破旧不堪。唐彦谦《试夜题省廊桂》"麻衣穿穴两京尘，十见东堂绿桂春"，刘赞《赠罗隐》"年虚侵雪鬓，尘枉污麻衣"。外罩的麻衣都破成这样，里面的衣物就可想而知了。如钱起《新丰主人》"双垂素丝泪，几弊皂貂裘"，孟郊《叹命》"影孤别离月，衣破道路风"，张南史《早春书事奉寄中书李舍人》"敝缊袍多补，飞蓬鬓少梳"。诗人们越是如此，越显得衣物费用对大多数举子来说确是一笔不小的开支。

　　出门在外，难免生病。盛唐宰相张说有一故交唐之选，多年不第，而张说已位极人臣。求谒张，获赠一束绢，打算用来换粮糊口，不料生了重病，只好拿来换药，病虽好了，吃饭又成了问题。长安药铺有时还会乱收费，张籍《赠任道人》："长安多病无生计，药铺医人乱索钱。"贾岛常赊欠药钱，《寄钱庶子》言其"药债隔年还"。

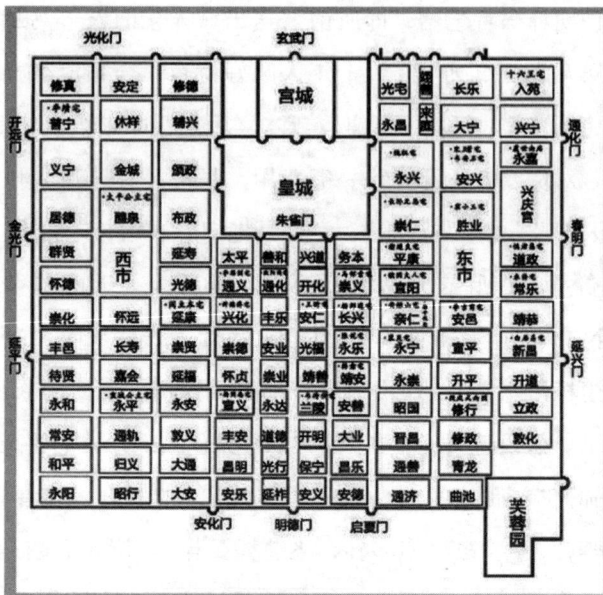

唐长安城坊示意图

　　及第需要知识的积累，购书也是一笔省不掉的支出。唐代书价不低，诗人们常为此烦恼。李廓《上令狐舍人》："名利生愁地，贫居岁月移。买书添架上，断酒过花时。"因买书弄得没了酒钱，不过这还算好的，许浑言其因买书而致贫，其诗《寄殷尧藩》云"宅从栽竹贵，家为买书贫"。书贵缘于纸贵，要干谒行卷，成本自是不低，这也成了许多诗人的负担。对于家境尚可者，问题还不算太大。如薛保逊，行卷时好用"金刚杵"，即用大型纸张和上好装饰，出手阔绰，以至达官贵人家中门人都盼其行卷，以作脂烛之用。这还只是用纸，如果为求华丽，用帛绢行卷，花费就更大。贫穷者就难有这份潇洒了，如唐末卢延让就因穷得置办不起行卷纸轴，错过了向热心的地方官吴融干谒的良机。崔峒《喜逢妻弟郑损因送入京》"遥知盈卷轴，纸贵在江城"，何兆《赠兄》"洛阳纸价因兄贵，蜀地红笺为弟贫"，说的都是纸贵之事。可叹的是，举子们费资且抱有极大期待的行卷，在权要家中竟成了戏谑之物。如皮日休之子皮光业发达后，把家中不入眼的举子行卷放进一大箱中，号为"苦海"，每当酒足饭饱后，就叫仆人抬出，看后笑骂一通。正由于达官贵人如此作为，举子们有时不知结果，还要再次投谒，叫作温卷，以提醒对方，花费更是成倍地增加。所以说，没有制度的变革，不仅是科场不公大行其道，连干谒所造成的浪费，也是相当惊人的。唐代之后的宋代，改革科举，吸取唐代教训，取消行卷，采用糊名和誊抄，确实有其进步之处。

除了饮食、住宿、着衣、看病、购书等必要花费外，科考前后还会有其他花费，如雇仆、游宴、置买琴剑、狎妓、占卜等。这些消费，看起来似乎并非必需，但以平常心度量，有时还真不好一省了事，这里也就不一一举例分析了。

二

入京后安顿下来，便正式进入科考流程。需要说明的是，不仅常举需要取解，制举同样需要。由于制举时间不固定，参加制举者在州府取解后随即进京参试，考中者即授官。参加常举的贡举人则需当年十月二十五日随朝集使或计吏至京。初盛唐时，数日内至户部报到，中晚唐时，则改至礼部报到。报到时需签到，交纳相关文状，主要是文解和家状。文解是地方解送证明材料，家状是乡贯及三代名讳及本人体貌特征，如果是官员或贵族子弟还要写明诸亲等第。对于交来的文状真实性的审核是个复杂的事项，往往有不合资格或品行不端者混入其中，于是聪明的管理者想出了一个发动群众的办法：结款通保。《册府元龟》记开成年间中书门下奏此事甚详，现抄录于此："近缘核实不在于乡间，趋名颇杂于非类，致有跋扈之地，情计交通。将澄化源，在举明宪。臣等商量，今日以后，举人于礼部纳家状后，望依前三人自相保。其衣冠则以亲姻故旧，久同游处；其有江湖之士，则以封壤接近，素所谙知者为保。如有缺孝弟之行，资朋党之势，迹由邪径，言涉多端者，并不在就仕之限。如容情故自相隐蔽，有人纠举，其同保人并三年不得赴举。"这一做法又叫合保，杀手锏在于同保者连坐。这样的政策虽在一定程度上保证了科举队伍的纯粹性，提高了行政效率，但将职能部门的行政责任逼到不相干的举子身上，出了问题后竟然可以不问青红皂白地株连无辜，这样的懒政行为亏宰相们好意思想得出来。文状审查后，主持常举的礼部就会在贡院门口张贴驳状，分粗驳和细驳。粗驳是就文状完备与否的审查，细驳则是对人品德行的审查，驳状上有名者即丧失考试资格。

三

唐代科举考试地点在长安和洛阳。制举由于要天子亲试，故随天子所在。常举多在长安，在洛阳仅见武后、代宗永泰元年至大历十年两都分试、文宗大和二年数次。时间由于在正月，故称春闱，所以在唐代只要参加常举者，春节必然要在京城度过，多举不中者自然很少能够与家人过年团聚。到了试期，明经举子需分甲进行，每甲数十人。进士试不分，一体进入。考试开始，气氛陡然紧张。杜佑《通典》描述道："礼部阅试之日，皆严设兵卫，荐棘围之，搜索衣服，讥诃出入，以防假滥焉。"舒元舆《上论贡士书》载之更详："试之日，见八百人尽手携脂烛水炭，洎朝晡餐器，或荷于肩，或提于席，为吏胥纵慢声大呼其名氏，试者突入，棘围重重，乃分坐庑下。寒余雪飞，单席在地。"作者对举子的苦况描写一番后，对有司如此对待考生大加鞭挞："呜呼！唐虞辟门，三代贡士，未有此慢易者也。""有司坐举子于寒庑冷地，是比仆隶以下，非所以见征贤之意也；施棘围以截遮，是疑之以贼奸徒党，非所以示忠直之节也。"为此，作者恳请皇帝下旨有司对举子予以起码的尊重，"试之时，免自担荷，廊庑之下，特设茵榻，陈炉火脂烛，设朝晡饭馔"。书上，并无明显改观，舒元舆后虽位至宰相，但不久即在甘露之变中死于非命，后续跟进自然也就没有下文。

考试当天，举子于清晨入场，至夜结束，天黑后点烛继续。

多年的寒窗苦读，都要在这一天一夜中见个分晓，此情此景，五味杂陈。薛能《省试夜》：

> 白莲千朵照廊明，一片承平雅颂声。
> 更报第三条烛尽，文章风景画难成。

"白莲千朵"，是指考到晚上时，场屋两廊灯火通明景象。从诗意来看，诗人感觉良好，风景宜人，充满了自信，符合薛能一生狂傲性情。但大多数举子感受与其迥异。韦承贻《省试夜潜纪长句于都堂西南隅》对此有细腻逼真的记述：

> 褒衣博带满尘埃，独自都堂纳卷回。
> 蓬巷几时闻吉语，棘篱何日免重来？
> 三条烛尽钟初动，九转丹成鼎未开。
> 残月渐低人扰扰，不知谁是谪仙才？

据此可以想见，这些举子心里五味杂陈，疲惫、希冀、担忧、懊恼，不一而足。此诗描写逼真，引起众多举子的共鸣，竟然在尚书都省的墙壁上保存了三十年之久。

四

前文已述，省试时，中唐前以帖经、诗赋、策文三场为序；

中唐后，序为诗赋、帖经、策文；晚唐后，序为诗赋、策文、帖经。一场一场过关，逐步淘汰。黄滔《下第》言："昨夜孤灯下，阑干泣数行。辞家从早岁，落第在初场。"黄是晚唐人，头一场诗赋就没能过关。帖经可用诗赎，策文多老生常谈，诗赋就显得至关重要了。唐代省试诗，诗题中规中矩，如《清如玉壶冰》《秋月悬清辉》《湘灵鼓瑟》《长安早春》等，均有劝人向上之意。诗以五言六韵十二句为标准形式，韵以经过审定的《切韵》《唐韵》为本。且看苏颋这首现存唐代最早的省试诗《御箭连中双兔》：

> 宸游经上苑，羽猎向闲田。狡兔初迷窟，纤骊诣著鞭。
> 三驱仍百步，一发遂双连。影射含霜草，魂消向月弦。
> 欢声动寒木，喜气满晴天。那似陈王意，空随乐府篇。

此诗通篇押"田"韵。前三韵写射猎情形，后两韵写欢乐场面，最后以曹植之失意反衬臣子能够陪同帝王游猎的感恩心情。这种模式成了后来省试诗的基本套路。

押韵也不容易，不少举子基本功较差，碰到这些纯技术性的功课，只能是望纸兴叹。而温庭筠却是此中高手，据说他"每试押官韵，烛下未尝起草，但笼袖凭几，每一韵一吟而已。场中曰'温八吟'。又谓八叉手成八韵，名'温八叉'，多为邻铺假手"。考试时诗赋同时进行，八韵指的是赋，也就是说他双手交叉一次，就能吟出一韵两句来，真正是快捷无比。既然八韵赋都能写得这么快，一韵的诗更不在话下。所以自己的很快作完了，他还古道热肠，帮旁边人的忙，公然舞弊。由于臭名昭著，一次主司把他放在"帘下"，即自己跟前监督，结果考完后，温庭筠还是帮了八个人的忙，据此可以推知此前他应是帮了更多人。如此不守考纪，后来沈询主考时，干脆直接把他提前赶出了事。

除按照既定模式写作和要合韵这些基本要求外，整体诗作水平更为重要。那么这一水平如何评判呢？钱起于天宝十年（751）所作的《省试湘灵鼓瑟》诗，历来均被看作唐人省试诗代表之作：

善鼓云和瑟，常闻帝子灵。冯夷空自舞，楚客不堪听。
苦调凄金石，清音入杳冥。苍梧来怨慕，白芷动芳馨。
流水传潇浦，悲风过洞庭。曲终人不见，江上数峰青。

江上数峰青图

　　诗题出自屈原《远游》"使湘灵鼓瑟兮，令海若舞冯夷"，湘灵为湘水之神，后来人们多以舜之二妃、尧之二女娥皇与女英代之。屈原之诗以士之失意而神游天地之间，全篇弥漫着孤凄清拔之气。湘灵鼓瑟本出现在众神狂舞的欢乐场面中，是诗人聊以解忧之抒写。但在钱起诗中，湘灵已完全变成哀怨之女子形象，借助三湘风物，塑造了一个凄清迷离的人神共处意境，着实令人叹赏。诗中重在写音乐，"冯夷"是河神，"楚客"用贾谊典泛指贬谪之人，"苦调""清音"直写乐曲之悲苦，"空自舞""不堪听""来怨慕""动芳馨"写凄怨的效果，"流水""悲风"则是写乐音远扬并与环境融为一体的感受。末联为神来之笔，"曲"字上承首联，勾连音乐，"人不见"对应命运凄苦的"帝子"，是虚幻；"数峰青"则宕至实境，虚实相生，似梦似幻。"青"色的山峰，浩渺的江水，袅袅之余音，更添人生悲苦而青冥无路之无限惆怅，令人沉思。从字句来看，全诗平起平收，押韵妥当，符合省试诗格律要求，是一首内容和艺术几臻完美的佳作。

　　能在场屋中写出如此好诗，当时就有人怀疑钱起应有"神助"。《旧唐书》就记载了可能是钱起本人后来所述异事。言钱赴考途中，夜宿客舍，月华如水，忽听庭中有人吟此二句，出房看则无人，遂以为鬼谣，没想到科考时正派上了用场，博了个满堂彩。为说明此诗之妙，还可与其余几位考生同题之作相比较：

　　神女泛瑶瑟，古祠严野亭。楚云来泱漭，湘水助清泠。妙指

微幽契，繁声入杳冥。一弹新月白，数曲暮山青。调苦荆人怨，时遥帝子灵。遗音如可赏，试奏为君听。——陈季

宝瑟和琴韵，灵妃应乐章。依稀闻促柱，仿佛梦新妆。波外声初发，风前曲正长。凄清和万籁，断续绕三湘。转觉云山迥，空怀杜若芳。诚能传此意，雅奏在宫商。——王邕

帝子鸣金瑟，馀声自抑扬。悲风丝上断，流水曲中长。出没游鱼听，逶迤彩凤翔。微音时扣徵，雅韵乍含商。神理诚难测，幽情讵可量。至今闻古调，应恨滞三湘。——庄若讷

瑶瑟多哀怨，朱弦且莫听。扁舟三楚客，丛竹二妃灵。淅沥闻馀响，依稀欲辨形。柱间寒水碧，曲里暮山青。良马悲衔草，游鱼思绕萍。知音若相遇，终不滞南溟。——魏璀

与钱诗相比，陈季诗境界尚堪比肩，其余三首则差强人意。陈诗意境比后三首阔大，"楚云来泱漭，湘水助清泠""一弹新月白，数曲暮山青"二联，有空灵缥缈之感，却成了时间流逝的写照，意境反倒未能突显；而且整首诗意境未能如钱诗一样统一，用"古祠""野亭""荆人"意象，与空灵意趣不合，显得"仙"气不足，"鬼"气过重；末联表达对及第的期盼，也未能脱俗。其余三首则更等而下之，如王诗通篇实写音乐及听觉效果，恰似真的听了一场演奏一样，了无灵趣。庄诗与王诗毛病相同，且末联直写感受，与前面几联不相吻合。魏诗倒是写了"寒水碧""暮山青"意象，可惜未能宕开一笔，接着却按省试诗共同模式，

表达自己渴望及第的凡尘心情，使得全诗生硬地断为两截，也就更谈不上佳作了。

诗歌水平虽然不是录取的全部因素，但相当重要。诗艺比拼的结果，钱起凭此诗高中第二名，其余四人诗作虽不及钱诗，但四平八稳，并无多大差错，在录取名次上也都名列前茅。

五

钱起诗一写就，主司李晤"深嘉之，称为绝唱"，可见诗作水平对及第与否有很大影响。钱诗通灵剔透，可谓万里挑一，唐代其余省试诗虽整体水平达不到钱诗，但若有佳句，同样令人称赞。如崔曙《奉试明堂火珠》"夜来双月满，曙后一星孤"，南巨川《美玉》"终希逢善价，还得桂林枝"，陈季《鹤警露》"未假抟扶势，焉知羽翼轻"，李晔《尚书都堂瓦松》"叶因春后长，花为雨来浓"，都是名噪一时之语。中唐时，举子周存性情仁慈，喜欢放生。曾放生一条鲤鱼，还写诗记其事，末两句是"倘若成龙去，还施润物功"，受到翰林学士陆贽的称赞。后为参加科考，试《白云向空尽》诗，诗快成时，一时无好语结尾，忽然想起此两句，改为"倘若从龙出，还施润物功"，结合诗题，天衣无缝。主司一见大喜，自然及第。

主司录人，除欣赏篇章佳句外，对诗意贯通与否也颇为看重。开成二年（837），李肱入试，诗作为主司高锴赞赏，选为状元。且看这首《省试霓裳羽衣曲》：

开元太平时，万国贺丰岁。梨园献旧曲，玉座流新制。

凤管递参差，霞衣竞摇曳。宴罢水殿空，辇馀春草细。

蓬壶事已久，仙乐功无替。讵肯听遗音，圣明知善继。

《霓裳羽衣曲》为玄宗开元、天宝年间宫廷巨制，象征着大唐盛世繁华景象。此诗结构简单，先是描绘万国来朝的盛况，然后以歌颂口吻称道文宗能够继承祖宗圣明遗风，是一篇四平八稳的歌功颂德诗作。主司高锴在《先进五人诗赋奏》中称赞这首诗"最为迥出，更无其比。词韵既好，人才俱美。前场吟咏近三五十遍，虽使何逊复生，亦不能过"。能让主司爱不释手地一口气吟咏多遍，除内容切合统治者口味外，此诗诗艺突出表现在哪些地方呢？关键在于恰当地迎合了文宗皇帝此次出题之本意。文宗给高锴的诏书有言："常年宗正寺解送人，恐有浮薄，以忝科名。在卿精拣艺能，勿妨贤路。其所试，赋则准常规，诗则依齐梁体格。"所谓"齐梁体"，是南朝诗歌代称，以绮丽浮华为表征，何逊则是代表性诗人。由于时过境迁，齐梁体至中晚唐时已被唐人看作古体，人们已经不太注重其原来的内容特色，而是看重其语言明朗、工稳、流美和结构的紧凑等艺术特色。李肱此诗全押仄韵，首联两句平仄不对，中有一联不粘，是一首极为神似的齐梁古体诗作。

文宗皇帝要求用齐梁体作省试诗，只是一时之举，并非唐代省试诗的通格，唐代省试诗格主要还是以沈宋以后的近体律诗为标准的。唐文宗出于效仿祖宗盛世的政治考虑，亲自出题，就是要进士们能够以明朗、工稳、清淡古朴的诗风与《霓裳羽衣曲》这一本自六朝的古题相谐，达到不拘格律、古为今用的文场教化目的。李肱是宗室子弟，出自宗正寺解送，出身既好，长得也俊，所以高锴言其"兼是宗枝，臣与状头第一人，以奖其能"，反映了他对文宗意旨心领神会的精干和君臣之间的默契。

六

科场之上，主司权力极大，可以说，举子们的各种努力，包括干谒、关节等非才学因素，最终都是指向主司手中的权力。大历九年（774），阎济美落第，仿省试诗样式作了一首《下第献座主张谓》：

> 蹇谔王臣直，文明雅量全。望炉金自跃，应物镜何偏。
> 南国幽沉尽，东堂礼乐宣。转令游艺士，更惜至公年。
> 芳树欢新景，青云泣暮天。唯愁凤池拜，孤贱更谁怜。

此诗自谓正直之人，如同烈火之金，可惜识才之镜难以照见。与其这样，还不如退隐山林。诗中肯定了科场公道，同时表达了自己落第后伤心却又渴望主司识拔的心情，无怨怒，显修养，心态平和。主司张谓看后，颇有失才之憾，遂答应翌年提携。第二年，东都洛阳试，张谓仍任主司。诗赋考后是帖经，阎济美辞以不能，张谓许之以诗赎，命《天津桥望洛城残雪》题。阁作：

> 新霁洛城瑞，千家积雪寒。未收清禁色，偏向上阳残。

诗写洛城云开雪霁，寒气袭人。傍晚时分，一抹云彩在夕阳的照耀下显得格外光亮。按说应写成六韵十二句才行，张谓却认可过关。不仅如此，阁所作的《腊日祁天宗赋》，将子贡名"赐"错写成"驷"字，经同考者提醒方知。张谓不仅许可考生们重抄一遍试卷，还暗中在阁之试卷上"驷"字处作了标记，使得阁济美能够从容誊抄，顺利及第。整个过程之中，人们也许看到了主司张谓不惜擅改规则的怜才之举，但这种单凭个人好恶而随意破坏既定规程的做法，对其他无缘结识主司的更多考生来说，岂不是更大的不公？

五言六韵，是省试诗固定要求，早在开元九年（721），祖咏初次科考，所写《终南望馀雪》，就不够句数：

> 终南阴岭秀，积雪浮云端。林表明霁色，城中增暮寒。

诗写终南山暮雪时分的美景变化：终南山山势高峻，秀丽多姿，山顶积雪似乎浮在云层之上，动静结合；夕阳与雪光交相辉映，似乎更让人们增添了一分寒意。

由于只写了四句，有人问之，祖咏回答"意尽"，也就是意思表达完了。诗倒是好诗，只是光凭内容，格式却不符合，主司并未录取他。由此例亦可看出，阎济美能够及第，主司张谓手中权力起了关键作用。

第三节　制试

制举考试以策文为主，本意是让皇帝了解考生处理政务的能力，一直为唐人看重。制试时，皇帝一般亲临，终唐一

唐太宗像

代，皇帝不亲临的只有三次。制举科目和时间皆不固定，一般认为，大和二年（828）后，因刘蕡对策抨击宦官事件而暂停，但于大中五年（851）又重开过一回，广东莫宣卿即是当科状元，以后资料则基本无见。常举考生录取后，还要守选数年，而制举成名者是"天子门生"，可直接授官，且所授官位高于常举者。所以唐代有不少文士常举及第后仍参加制举考试的。制举虽以考策文为主，但偶尔也会试诗。《册府元龟》载，初唐时，李义府受刘洎、马周荐举，太宗亲试，令咏乌，有句"何惜邓林树，不

借一枝栖",太宗高兴地说:"当尽借卿全树,何止一枝也!"看来除了李义府本身才学早为太宗知晓外,这句诗也起了重要作用。

一

文人应制举,有荐举和自举两种途径,只是有唐一代,自举不过是具文而已,荐举才是正途。荐举的人才多种多样,从唐时上百种制举名目就可以看出来,其中数"贤良方正能极言直谏"科最为著名,唐时许多名臣出自此科。至于制举试诗的情况,穆宗长庆初,魏州、兖州藩镇向朝廷荐田夷吾、曹璠二人,白居易撰《日试百首田夷吾、曹璠等授魏州、兖州县尉制》:"敕:乃者魏、兖两帅,以田夷吾、曹璠善属文,贡置阙下。有司奏报,明试以诗,五言百篇,终日而毕。藻思甚敏,文理多通。贤侯荐延,宜有升奖。因其所贡郡县,各命以官。而倚马爰来,衣锦归去,以文得禄,亦足为荣。"从制文可见,二人此次日试百篇诗,文通字顺,可谓才思敏捷之辈。正规的制举,须是先由朝廷下诏求贤后,再由地方荐举。所以田、曹二人严格来讲,还算不上正式的制试。但这种情况在大中朝以后似乎成了正式制举暂停后的补充,所以这里将其放于制试中一起讨论。

晚唐以降,有"日试百篇""日试万言"之举数次,均是试诗赋的,参加的有杜光庭、郑云叟、王璘等人。据载,王璘于咸通时由湖南荐举至朝廷,先试《黄河赋》三千字,挥毫而就;又试《鸟散余花落》诗三十首,也是立刻即成。只是性格狂傲,当场得罪了权相路岩，被放还。王璘虽放回，但逢人则以"日试万言"名头自许，颇为自豪。不过在别人眼中，人们看重的还是诗文水平，而不是这种仅靠数量高产获名。王璘后来得遇同乡诗人李群玉，李就待之甚浅。晚唐还有以"百篇"呼人的，如孙发，试百篇举，皮日休、陆龟蒙、方干就直呼其为"孙百篇"了。不过百篇举授官低微，远不如正规的制举授官好，时人并不怎么看重，如方干《赠孙百篇》"莫嫌黄绶官资小，必料青云道路平"。还有一位胡百篇，方干《赠上虞胡少府百篇》言其"宏才尚遣居卑位，公道何曾雪至冤"。

正式的制举在晚唐极少举行，弄出这种"日试百篇"和"日试万言"名目，可能是为了顺应晚唐人们重视诗赋创作的趋势而有意为之，在一定程度上可以缓解科举方面的压力，但出身不正，授官又低，还是得不到当时文人们的真正认同。

二

制举试诗虽少，但传世的相关诗作还是有一些的。制举因为是皇帝亲临，规格最高，考生得到的礼遇也最好，绝不会像对待常举考生入诗时那样苛刻。一般先由皇帝赐食、赐坐，皇帝本人也常常正襟危坐，与考试相始终。大历时，代宗朝制试，天热无比，代宗本人为郑重其事，居然一整天陪考并读《贞观政要》。入夜后，未做完的考生还可给烛继续，夜深后还派兵士护送归第。元稹贞元年间应制举，后在《自述》诗中忆及考场情况：

> 延英引对碧衣郎，江砚宣毫各别床。
> 天子下帘亲考试，宫人手里过茶汤。

　　能够亲眼见到皇帝，还能得到茶饭赏赐，可谓莫大的荣耀。即使未中，估计也会回味一生。正因为有此荣宠之遇，诸多文人往往除了准备常举外，制举的机会也不会轻易放弃。如果两者一旦发生冲突，还多会选择制举。岑参《冀州客舍酒酣贻王绮寄题南楼》道：

> 夫子傲常调，诏书下征求。知君欲谒帝，秣马趋西周。
> 逸足何骎骎，美声实风流。富学赡清词，下笔不能休。

　　诗下自注："时王子欲应制举西上"，称赞这位王生不屑于常举，一定要应制举的心志，由此也反映盛唐时文人对制举高看一等的态度。当然也不绝对，由于制举是皇帝下诏搜贤，有时应征者并不是非常乐意。刘禹锡有《送裴处士应制举》诗，且看当事人心态：

> 裴生久在风尘里，气劲言高少知己。注书曾学郑司农，历国多于孔夫子。往年访我到连州，无穷绝境终日游。登山雨中试蜡屐，入洞夏里披貂裘。白帝城边又相遇，敛翼三年不飞去。忽然结束如秋蓬，自称对策明光宫。人言策中说何事，掉头不答看飞

鸿。彤庭翠松迎晓日，凤衔金榜云间出。中贵腰鞭立倾酒，宰臣委佩观摇笔。古称射策如弯弧，一发偶中何时无。由来草泽无忌讳，努力满挽当亨衢。忆得当年识君处，嘉禾驿后联墙住。垂钩钓得王馀鱼，踏芳共登苏小墓。此事今同梦想间，相看一笑且开颜。老大希逢旧邻里，为君扶病到方山。

诗篇虽长，但意甚浅。这位裴处士本是游历风尘的饱学之士，整日如同闲云野鹤一样潇洒。忽然有一天要去京城应制举，自然引起别人的疑问，他也不正面回答，似乎并非出自本心。作为老朋友，诗人此时并未说些空洞的祝愿话语，而是主动回忆起当年二人漫游之际无拘无束的情景，以宽慰友人那颗不羁而又无奈的心灵。最后诗人扶病相送，一片悲情。诗人为友人即将失去自由而伤悼，又或是历尽官场风雨后为友人不得不陷入其中而惋惜？

不管刘禹锡这位友人出自什么原因表现出无奈，绝大多数应制举者都还是希望登第的，不过有时理想和现实之间相差何止千里。唐代制举有两次出名事件：一是玄宗天宝六载（747）李林甫玩弄权谋而导致无人及第之事。本来制举由皇帝亲试，哪怕皇帝不亲自批卷，出场坐镇也好，但李林甫对玄宗言"举人多卑贱愚聩，不识礼度，恐有俚言，污浊圣听"，劝阻玄宗亲临。晚年的玄宗昏庸日胜，乐得清闲，便全权交由李林甫处理。制举一般只试策，举子们也是这样准备的，不料李林甫临时决定加试诗赋，令很多考生措手不及，发挥自然不好。以此为借口，李林甫遂一人不取，并上表贺称"野无遗贤"，玄宗被这马屁熏晕了头，居然真的相信了李林甫的鬼话。这次试中，有元结、杜甫二人，元结有文揭露此事，杜甫因此时年龄老大而功业未成，自然对这次制试充满期待，没想到竹篮打水，很受打击，几年后写的《奉赠鲜于京兆二十韵》诗，有"破胆遭前政，阴谋独秉钧。微生沾忌刻，万事益酸辛"句，仍耿耿于怀。此诗写于李林甫刚死不久，而投赠的对象是与杨国忠一派的鲜于仲通，二人是李之政敌，故杜甫压抑数年后才敢大声诉苦，以期获得同情和提携。二是大和二年（828）刘蕡对策事件。刘蕡针对宦官专权，言论激切，朝野震动。被黜为柳州司户后，李商隐有《赠刘司户蕡》诗，悲其冤屈：

> 江风吹浪动云根，重碇危樯白日昏。
> 已断燕鸿初起势，更惊骚客后归魂。
> 汉廷急诏谁先入，楚路高歌自欲翻。
> 万里相逢欢复泣，凤巢西隔九重门。

诗言风急天高，君明被蔽。本是下诏求言，却又作叶公好龙之举，贬黜人才，实为大唐一悲，为刘蕡一哭。刘蕡自此一生流离，他死后，李商隐有数首诗哭之，如《哭刘蕡》：

上帝深宫闭九阍，巫咸不下问衔冤。

黄陵别后春涛隔，湓浦书来秋雨翻。

只有安仁能作诔，何曾宋玉解招魂？

平生风义兼师友，不敢同君哭寝门。

　　刘一生失意，全因正直而起。诗人痛心公道不彰，却又无力回天，联想到自己仕途挫折，不禁更为感伤。这正是江河日下的大唐晚期朝政之一大写照。

　　总体说来，科场试诗主要还是进士科的省试诗，在现存五万余首唐诗中，其数量并不算多，留存下来的也就一百余首。唐诗佳作迭出，高手众多，但省试诗成就突出的却屈指可数。这当然不能怪诗人们的创作力，因为省试诗本来就是程式化的，内容和形式上的限制束缚了写作者发挥的多种可能性。宋人阮阅《诗话总龟》后集卷三十一载《丹阳集》云："省题诗自成一家，非他诗比也。首韵拘于见题，则易于牵合；中联缚于法律，则易于骈对，非若游戏于烟云月露之形，可以纵横在我者也。王昌龄、钱起、孟浩然、李商隐辈皆有诗名，至于作省题诗则疏矣。"正是说到了点子上，因为限制太多，发挥不出来。韩愈虽考中进士，但反思自己的省试诗，也觉得别扭，其《答崔立之书》道："退自取所试读之，乃类于俳优者之辞，颜忸怩而心不宁者数月。……诚使古之豪杰之士，若屈原、孟轲、司马迁、相如、扬雄之徒，进于是选，必知其怀惭乃不自进而已耳。设使与夫今之善进取者，竞于蒙昧之中，仆必知其辱焉。"韩愈认为当年所作的省试诗，如同是唱戏者取悦于人之辞，让其多年后读之仍感难堪。而古之大家，如果知道今日要想进身就得写这种东西，估计会宁愿不仕也不会自取其辱吧。哪怕这些古人真的愿意参加科试，真的与今日之善于写省试诗文的人相比，估计也会名落孙山。韩愈的话，可谓痛定思痛之语，只是穷达之际，名利在前，如何做得到彻底抛弃？后世之八股，今日之高考，又如何能够绝其流弊而臻于至公？

第三章 成名——诗意行走

　　科举登第，是谓成名。为求明白，略述科举来历。三代至春秋时，官职为贵族把持，平民几无问津之权。战国时，废除世族垄断官职特权成了各国变法重点，只是限于阻力，成就难彰。至汉，有"乡举里选"。武帝时，实施察举制度，岁举孝廉，授以官职。东汉时，地方荐人至朝廷考试，通过者可授官。但由于地方豪门大族掌控了举荐和辟召的话语权，反倒固化了本应破除的门第观念，以至到魏晋时期，形成了纯以门资品评人物和入仕的九品中正制。"上品无寒门，下品无士族"，"世胄蹑高位，英俊沉下僚"，正是变革前的真实写照。南北朝时，社会动荡加剧，旧士族不可能再完全把持入仕之机，官学开始向寒门开放，平民已有通过自举获授官职的个案，隋唐科举制正产生于这样的历史背景之下。隋文帝废九品中正制，并于开皇七年（587）"制诸州岁贡三人"，作为官吏来源的极少量补充，虽无关宏旨，意义却是非凡。炀帝鉴于人才匮乏，不断加强科举建设，逐步完善秀才、明经科，并创设进士科。这一革命性的措施，一改察举制讲求门第出身的传统做法，而是纯粹以考试成绩选拔人才，大大激发了文人入仕的渴望，奠定了此后一千多年的科举基础。

隋国祚较短，科举定型须在唐时方可实现。这样，唐人所谓成名，必在科场。无论是常科还是制科，考中者方为成名。如黄滔《放榜日》题下注"从此成名后作"，是其金榜题名后所写；罗隐《赠妓云英》谓"我未成名君未嫁，可能俱是不如人"，则是下第后的失意之语。科考后，主司放榜，成名者金榜题名，名利随至，尔后自然有谢恩和宴游，为日后进入仕途热身。这一系列的活动，成名者放松身心，有生第一次诗意地行走在熟悉的大地上。

第一节　放榜

主司录人后，例行放榜。放榜在尚书省南院，专门筑有一丈多高的墙垣，周围有护栏挡住，用来悬挂黄色帛质榜文。制举随录随放，第一名称为敕头。常举于春日放榜，故称春榜。第一名进士及第者称为状头，俗谓状元。第二、三名则没有特别称谓，宋以后才将将其称作榜眼、探花。明经第一名则没什么特别的称谓。

科考三甲图

一

　　主司录人，情由多样。制试由于皇帝多亲自过问，一般以才学因素为主。常举一年一回，皇帝极少过问，不过也不是没有。《唐语林》载王如泚科考事。王的岳父是宫廷乐师，很得玄宗赏识，欲让其为官。老人家爱婿心切，不愿为官，只希望皇帝给礼部打招呼，让女婿进士及第即可。主司李昕接到皇帝的传话后，左右为难，遂向宰相请示。宰相问王的水平，主司如实回答，在可与不可之间，意思是不怎么样。宰相拍板道：既然如此，不录。可见，在正直的主司面前，皇帝的话也不一定好使。当然这事皇帝不较真才行。如果事关统治稳固大事，皇帝还是会出手干预的。如昭宗好为孤寒开路，原因在于自大中后寒素文人遭遇科场不公太多，已对朝廷产生严重的离心倾向，再不整治，恐于统治不利。除皇帝外，主司录人最受相权干涉。常举中，有呈榜之规，即放榜前需由宰相首肯，这样宰相很容易强荐私人，干扰主司取舍。盛唐时，宰相杨国忠之子杨暄学业无成，明经试，主司达奚珣欲不取，但又害怕宰相大人发怒，遂提前沟通以求谅解，不料杨宰相真的发飙，吓得达奚侍郎只好取其为上第。晚唐时，李德裕为相，不止一次要求主司取消呈榜之规。在此要求下，大和八年（834）的进士科考寒素文人得以扬眉吐气。无名氏作诗感慨道：

乞儿还有大通年，三十三人碗杖全。
薛庶准前骑瘦马，范酂依旧盖番毡。

一科所录之人，全是穷光蛋！个个手中“碗杖”齐全，与乞丐差不多。由于家贫，即使成名后，薛、范二人仍是一身穷打扮，显得特别另类。只是这种好机会难得一见，没有制度的改变，只凭个别贤相的强力主张，难免人亡政息。李德裕于会昌末遭贬后，寒素文人怀念不已，竟有“八百孤寒齐下泪，一时南望李涯州”之语，伤贤臣，讽时政，令人久久难以释怀。

凭才学录人，无话可说。难就难在主司也是俗人，哪免得了人情世故的牵扯？何况制度不健全，即使主司本身可能问心无愧，但落第者也不会那么理性。大中时，魏扶知贡举，进入贡院后，题诗一首：

> 梧桐叶落满庭阴，锁闭朱门试院深。
> 曾是昔年辛苦地，不将今日负前心。

进士出身的主司魏扶，当然深切了解举子们的辛酸和期望，决心秉公录人。榜出后，落第者删去此诗各句前两字，结果成了：

> 叶落满庭阴，朱门试院深。昔年辛苦地，今日负前心。

这样一改，意思全反，倒似乎成了魏扶昧心录人而不打自招的供词。再如乾符时，崔沆知举，看到崔瀣试卷上佳，遂录之。而"沆瀣"一词本为夜中水雾，时人遂以为座主门生有胶合关系，指斥二人臭味相投，真正是斗争扩大化了。

一般情况下，主司无论如何做，都难以满足所有人的希望，但只要真正能做到出自公心，人们大多还是认可的。元和十一年（816），李逢吉知举，专取寒素。有诗赞道：

> 元和天子丙申年，三十三人同得仙。
> 袍似烂银文似锦，相将白日上青天。

此外，如录了寒士聂夷中、许棠等人的主司高湜，也得到后人充分的肯定。可惜这样正直的主司在唐代太少，大多都会将知举当作牟利之机，如沈询，刚被任命为主司，回家后其母就问其准备关照家族中哪个，并通过母子二人讨论，决定放沈儋及第。公权如此私用，哪有公道可言？崔瑶、裴坦、郑颢于大中年间知举，更是公然营私舞弊，大放权要子弟。此外，唐时才学之士甚多，主司限于见识，担心有遗珠之憾，遂找人帮忙推荐，谓之通榜。初衷是好的，也确实曾有过效果，如贞元八年（792），陆贽知贡举，梁肃为其通榜，就推荐了李观、李绛、崔群、韩愈等人，这些人后来都极有成就，这一年所放的榜后来就被称作"龙虎榜"。可惜的是这种情况太少，大多数情况则是通榜一旦开行，弊端甚多，哪里防得了作奸犯科之辈上下其手？多少皓首穷经者的命运竟然操弄于一些玩忽职守者手中，到哪里说理去？

二

主司阅卷后便是放榜，这也是举子最为揪心的时刻。初盛唐时，例行唱第。《大唐传载》记："开元中，进士唱第于尚书省，其策试者并集于都堂，唱其第于尚书省。有落去者，语云：两两三三戴帽子，日暮但候吟一声，长安竹帛皆枯死。"说的是帖经、杂文、对策三场试下来，前两场已淘汰了大部分考生，第三场例来都是策试，主司当面唱策，被唱者及第，故唱策就成了录取与否的关键。所有考生自然屏息静候，希望听到自己的名字从主司口中发出，落第者自然一时反应不过来，大脑暂时一片空白。唱第后放榜，贞观时，太宗李世民曾微行观看，见进士们鱼贯而出，高兴地对侍臣道："天下英雄，入吾彀中矣!"以示得才之幸。中晚唐后，改由礼部主持，唱第似乎不再举行，直接放榜。看榜时人很多，热闹非凡。韦庄《喜迁莺》词记当时盛况，有语"街鼓动，禁城开，天上探人回。凤衔金榜出云来，平地一声雷。莺已迁，龙已化，一夜满城车马。家家楼上簇神仙，争看鹤冲天"。此词写己及第之喜，那些未第的则恼怒异常。元和年间，曾有一举子郭东里名落孙山后，竟然破坏护栏，冲进去撕裂榜文，弄得礼部以后只好先放虚榜，再放正榜，以防再出现意外。明经亦于尚书省南院放榜。

榜一放出，围观、抄录者众，一传十，十传百，大江南北，数日之内便可知晓，正所谓"十载寒窗无人问，一举成名天下知"。

放榜盛况，有多诗描述。刘禹锡《宣上人远寄贺礼部王侍郎放榜后诗因而继和》：

礼闱新榜动长安，九陌人人走马看。
一日声名遍天下，满城桃李属春官。
自吟白雪铨辞赋，指示青云惜羽翰。
借问至公谁印可，支郎天眼定中观。

陈标《赠元和十三年登第进士》：

> 春官南院粉墙东，地色初分月色红。
> 文字一千重马拥，喜欢三十二人同。
> 眼看鱼变辞凡水，心逐莺飞出瑞风。
> 莫怪云泥从此别，总会惆怅去年中。

刘沧《看榜日》：

> 禁漏初停兰省开，列仙名目上清来。
> 飞鸣晓日莺声远，变化春风鹤影回。
> 广陌万人生喜色，曲江千树发寒梅。
> 青云已是酬恩处，莫惜芳时醉酒杯。

周匡物《及第谣》：

> 水国寒消春日长，燕莺催促花枝忙。
> 风吹金榜落凡世，三十三人名字香。
> 遥望龙墀新得意，九天敕下多狂醉。
> 骅骝一百三十蹄，踏破蓬莱五云地。
> 物经千载出尘埃，从此便为天下瑞。

徐寅《放榜日》：

喧喧车马欲朝天，人探东堂榜已悬。
万里便随金鸒鹭，三台仍借玉连钱。
花浮酒影彤霞烂，日照衫光瑞色鲜。
十二街前楼阁上，卷帘谁不看神仙。

翁承赞《擢进士》：

霓旌引上大罗天，别领新衔意自怜。
蝴蝶流莺莫先去，满城春色属群仙。

放榜日，及第者风光无限，其中风头最盛的当数状元了，因为接下来一系列活动，都要由状元带头、讲话、指挥，霎时间便有了"一览众山小"的气概。有唐近三百年，状元中最为风光的当数张又新和元和宰相武元衡之子武翊黄，因为二人恰好都是府试解头、进士状头、吏部科目博学宏词科敕头，人称"张三头""武三头"。举子章孝标艳羡不已，有《钱塘赠武翊黄》：

曾将心剑作戈矛，一战名场造化愁。
花锦文章开四面，天人科第上三头。
鸳鸿待侣飞清禁，山水缘情住外州。

　　　　时伴庾公看海月，好吟诗断望潮楼。

　　诗中称道武翊黄在科场中所向披靡，到了钱塘，也是一路风光，受人器重。

　　唐代偶尔也会在东都洛阳举行科举考试。大和二年（828），主司崔郾在东都试举人，然后入长安举行后续活动。杜牧当年及第，有《及第后寄长安故人》：

　　　　东都放榜花未开，三十三人走马回。
　　　　秦地少年多酿酒，却将春色入关来。

独占鳌头图

放榜在农历二月初，时尚寒冷，春花未开。诗人叮嘱长安旧友多准备好酒，他将携着及第的喜讯回京痛饮一番。

三

唐人多是数举方第，一朝名登金榜，欣喜若狂时，个人感受也是不尽相同。许棠参加京兆府试，因年长，由主试官李频夺本属张乔的解头给他，果然及第。这一曲折，喜得他逢人就说："往者未成事，年渐衰暮，行卷达官门下，身疲且重，上马极难。自喜一第来筋骨轻健，揽辔升降，犹愈少年时。则知一名能疗身之疾，真人世孤进之还丹也。"成名后摆脱了精神上的重负，身轻体健，其言当是不虚。孟郊年老登第，感觉更胜于此，其诗《登科后》云：

昔日龌龊不足夸，今朝放荡思无涯。
春风得意马蹄疾，一日看尽长安花。

相比许棠来说，老孟更感年轻，以前的卑贱和难堪都不值得再提了。他不仅跨马飞快，还多了份寻花问柳的心思，可见压抑了多年的老举人这次该要潇洒地走一回了！

孟郊像

多年方得一第，欣喜之余的老举子们心中可谓五味杂陈。许浑《及第后春情》：

> 世间得意是春风，散诞经过触处通。
>
> 细摇柳脸牵长带，慢撼桃株舞碎红。
>
> 也从吹幌惊残梦，何处飘香别故丛。
>
> 犹以西都名下客，今年一月始相逢。

世间最得意之事便是及第，可以兴致勃勃地游赏春景，而且再也不会像以前一样夜梦频惊了。顾非熊在武宗皇帝亲自过问后得第，有《酬陈摽评事喜及第与段何共贻》诗：

　　至公平得意，自喜不因媒。榜入金门去，名从玉案来。
　　欢情听鸟语，笑眼对花开。若拟华筵贺，当期醉百杯。

　　不是因人举荐，而是全靠自己多年打拼出的名气才得到皇帝
的垂青，自然高兴异常，可以放心大胆地痛饮一番了。姚合及第
后，有些不敢相信是真的，其《及第后夜中书事》：

　　夜睡常惊起，春光属野夫。新衔添一字，旧友逊前途。
　　喜过还疑梦，狂来不似儒。爱花持烛看，忆酒犯街沽。
　　天上名应定，人间盛更无。报恩丞相阁，何啻杀微躯。

　　诗人深夜无眠，又是持烛看花，又是沽酒痛饮，思前想后，
觉得还是报答恩人要紧。可见老诗人没有得意忘形，还知道轻
重。又其《成名后留别从兄》亦很清醒：

　　几年秋赋唯知病，昨日春闱偶有名。
　　却出关东悲复喜，归寻弟妹别仁兄。

　　年轻人就不同了，少年得志，若不轻狂一把真有些枉过光阴
之感。白居易二十九岁一举登进士第，遂作有"慈恩塔下题名
处，十七人中最少年"句。因为进士难第，民间有"三十老明
经，五十少进士"的说法，白居易是有足够的理由骄傲一回的。

何扶年少连捷进士、吏部科目，作《寄旧同年》诗：

> 金榜题名墨尚新，今年依旧去年春。
> 花间每被红妆问，何事重来只一人？

可见诗人不仅前途无量，而且感情生活也是非常丰富，美人环绕，真正是一人生赢家。施肩吾及第后，出入花街柳巷，有《及第后夜访月仙子》：

> 自喜寻幽夜，新当及第年。还将天上桂，来访月中仙。

又《赠仙子》：

> 欲令雪貌带红芳，更取金瓶泻玉浆。
> 凤管鹤声来未足，懒眠秋月忆萧郎。

诗人一朝登第，忘乎所以，似乎要在温柔乡里好好弥补一下自己多年苦学的辛苦。"仙"是唐人对妓女的隐称，据陈寅恪考，"仙""真"同义，六朝人就侈谈仙女杜兰香、萼绿华之世缘，唐人遂将二字用于称妖艳妇人、风流放诞的女道士甚或直接目为娼伎之称。唐长安城娼伎多居平康里，历来就是风流浪荡举子们的温柔乡和销金窟，涉足其中有名的举子就有王式、令狐滈、刘覃、郑光业、郑仁表、赵光逢、赵光远等人。唐人孙棨有《北里志》一书，专记此间风流韵事。如郑合敬状元及第，宿于平康里，有诗记之：

> 春来无处不闲行，楚润相看别有情。
> 好是五更残酒醒，时时闻唤状头声。

郑之浪行，为成名举子常见，尚不太过。裴思谦就有些令人生厌了。他倚仗权阉仇士良强取状元，夜宿平康里，有《平康妓》诗：

> 银钉斜背鲜明珰，小语低声贺玉郎。
> 从此不知兰麝贵，夜来新惹桂枝香。

真正是不知廉耻为何物了，且不说丑取状元，还炫耀到了妓院，只能看作是晚唐宦官专权时局下生出的文人之怪胎。

四

成名固然令人高兴，但毕竟只是踏入仕途的第一步，后面的路走得如何，还要看自己的把握和机遇。短时的年少轻狂还可理解，如果从此就狂傲起来，就很容易碰壁。章孝标及第后，欲到扬州看望旧友李绅，提前写了《及第后寄广陵故人》一诗给对方：

> 及第全胜十改官，金汤镀了出长安。
> 马头渐入扬州郭，为报时人洗眼看。

意谓及第比升官十级还强，像是镀了金一样。如今今非昔比，别人都要另眼相看了。诗中傲气凌人，令人不快。李绅也不客气，《答章孝标》：

> 假金方用真金镀，若是真金不镀金。
> 十载长安得一第，何须空腹用高心！

这一回击也真够直接的！言章为镀金之身，说明他并无真的本领。章长安飘零十年才及第，不反思自己腹无诗书，还好意思到处显摆！这瓢兜头冷水，想必章孝标挨浇后应该好好清醒一下了。果然，回乡后，他的姿态放低了不少。《初及第归酬孟元翊见赠》诗：

> 六年衣破帝城尘，一日天池水脱鳞。
> 未有片言惊后辈，不无愧色见同人。
> 每登公宴思来日，渐听乡音认本身。
> 何幸致诗相慰贺，东归花发杏桃春。

自言登第后并未得意忘形，特别是面对乡人，平复了激动的心情，收敛了不少当初的狂态，自得中总算表现出了一些谦虚之意。至于李诗中"十载"和此诗中"六年"之差，应以章自述为是。

杜牧于大和二年（828）登进士第，又应制举贤良方正直言极谏科登第，当年，如此两捷者唯其一人，天下扬名。他有《重登科》：

> 星汉离宫月出轮，汉街含笑绮罗春。
> 花前每被青娥问，何事重来只一人？

得意之态，喻于言表。那么是不是名声大得很呢？《本事诗》载，登制科后他与同学到城南一寺游玩，见一僧独坐，便与之言语，皆是玄言妙语。又问杜牧姓名，说后不晓。又问杜牧职业，同学夸以连捷之事。不料当年轰动长安城的大名人杜牧一点也不为此僧所知。杜牧夸耀之心顿减，感慨万端地留诗一首：

> 家在城南杜曲旁，两枝仙桂一时芳。
> 禅师都未知名姓，始觉空门意味长。

唐时有谚语道："城南韦杜，去天尺五。"即长安城南韦氏、杜氏二族历来出高官显宦。杜牧家世显赫，又两次登科，名声在外，不料在此却受到了冷遇，难免有些失落。不过他很快调整过来，以平常心度己及人，显示出较好的个人涵养。

五

放榜后，成名者除了个人的欢庆外，一个重要事情便是及时向家里人报喜。报喜用泥金贴子，家人收到后立即张灯结彩，接受亲邻祝贺。文宗以后，由主司亲自花押签发金花贴子作为正式录取凭据，送至成名者家中，这样也就会更显荣耀。报喜不仅是让家人高兴一下那么简单，而是还有更重要的实惠，那就是"阙下科名出，乡中赋籍除"，即可免除自己甚至家人的赋役，这才是最重要的好处。

中晚唐后，进士及第，即成为所谓衣冠户，免自己和全家人赋役，其余诸科则只能免掉自身一人之赋役，进士科之重要和难考显而易见。如唐僖宗《乾符二年南郊敕》言："家有进士及第，方免差役，其余只庇一身。"唐末杨夔《复宫阙后上执政书》亦言："敕有进士及第，例免一门差徭，其余杂科，止于免一身而已。"初盛唐时，则是通过制举成名等形式成为免征之家，享受政策特权。如《太平广记》载白履忠事：白隐居山林，受荐入京，未得官，得一五品朝散大夫空衔还乡。乡人觉得一无所用，白向乡人解释道：凭此既可免除各种赋役。五品是唐代中高层官员的分界线，待遇悬殊。五品以上，免全家赋役；五品以下且非进士出身者，仅免一身。有这样的待遇，人们怎么不尽其所能地让子弟读书成名？据此，见诸唐诗中不少此类叙写，如雍陶《送卢肇及第归袁州》："到门定见萍乡守，来贺高堂断织亲。"卢肇家本为平民，中状元后衣锦还乡，太守都会主动上门除去赋籍，高堂老母再也不用辛苦织布纳税了。王贞白《御试后进诗》：

> 三时赐食天厨近，再宿偷吟禁漏清。
> 二十五家齐拔宅，人间已写上升名。

新录二十五人如同修炼成仙，其家人也得以一道飞升。他还有《句》"改贯永留乡党额，减租重感郡侯恩"，此句有自注："蒙本州改坊名为'进贤'，并减户税"，意即全家人几乎都不用如以前一样缴纳太多的税了。

寒素之家因为子弟考中进士变为衣冠户，全家当然高兴。李商隐及第后数年，亲弟羲叟登第，他激动不已，写诗感谢主司。《喜舍弟羲叟及第上礼部魏公》：

> 国以斯文重，公仍内署来。风标森太华，星象逼中台。
> 朝满迁莺侣，门多吐凤才。宁同鲁司寇，惟铸一颜回。

赞美主司录取其弟是重文好才之举，也希望主司能够像孔子对待颜回一样对待其弟。虽是感谢主司之词，字里行间却透露着对弟弟无限的期许。

对于落拓士族来说，子弟成名可改变不利的社会地位状况。白居易及第后，期待家族中有人继之，以壮声势。堂弟白敏中及第，他喜出望外。《喜敏中及第诗，偶示所怀》：

> 自知群从为儒少，岂料词场中第频。
> 桂折一枝先许我，杨穿三叶尽惊人。
> 转于文墨须留意，贵向烟霄早致身。
> 莫学尔兄年五十，蹉跎始得掌丝纶。

白居易是个非常实在的人，诗中所言往往都是心中所想，不带半点虚伪。诗言堂兄弟们（群从）之中读书人少，没想到接二连三及第。不过虽然及第了，还是应留意诗书之事，早居要路之津为是。不要学他五十岁了，才做到中书舍人、知制诰，靠近权力中心太晚了，以致仕途前景不是很好。这真是对自家兄弟才会说的掏心窝子的话。不过白居易做得已是很好了，如果不是喜欢明哲保身，官当得或许更大一些，但能不能逃过后来的甘露之变就难说了。白敏中后来果然按其堂兄所说，积极仕途，见风使舵，过河拆桥，在牛李党争中崭露头角，直至成为牛党魁首并配合宣宗致李德裕于死地，位极人臣。不过到头来还是为人不齿，留下骂名，谥为"丑"。

衣冠之家有子弟及第，庆贺起来更是大手笔。东川节度使杨汝士之子杨知温及第，于是杨汝士召来军中歌伎在宴中助兴，每人发给一匹红绫，并作诗道：

> 郎君得意及青春，蜀国将军又不贫。
> 一曲高歌绫一匹，两头娘子谢夫人。

高兴之际，出手大方，自然使得歌伎们向他们夫妇两人谢个不停。唐末宰相刘邺之子刘覃及第，竟出巨资预购京城新上市的樱桃，大宴宾客，弄得状元欲设樱桃宴而不得，更是着实出了一次大风头。

六

唐人判断人生成功与否，关键在于仕、婚二事。科场成名，与此二事关系极大。科场成名意味着有了入仕之资，且起点不俗；唐人重门第，李、崔、王、郑、卢等五姓高居他族之上。中进士第、娶五姓女，是当时众多文人的梦想。当然，五姓只是一个代称，后来也就泛指高门世族等权要之家。唐人有"榜下择婿"或"榜下捉婿"一说，进士及第者无论婚否，均机会多多。韩愈《送陆畅归江南》：

> 举举江南子，名以能诗闻。一来取高第，官佐东宫军。
> 迎妇丞相府，夸映秀士群。鸾鸣桂树间，欢者何缤纷。

这位陆生，成名后做了丞相府的娇客，令人艳羡不已，明显是榜下择婿的结果。有时，不仅权要之家于放榜日择婿，连李唐皇室也加入进来。宣宗有爱女万寿公主，放榜日，宰相白敏中荐状元郑颢为驸马。郑已订婚于卢氏，不得已，只好娶帝女，遂终生痛恨白敏中。

榜下择婿虽好，只是感情之事如果是建立在太过功利的基础上，恐怕也难保长久幸福。于是，有些权要之家还会提前择婿，虽有风险，但只要眼光独到，及第后的日子也未尝不美满。《玉泉子》载邓敞事。邓敞孤寒无依，宰相牛僧孺二子牛蔚兄弟找到他，愿意以妹妻之，且助其及第。只是邓已成婚，生有二女。不过鉴于双重诱惑，邓还是答应下来，当年果然登第。回乡后，牛小姐还算通情达理，一夫二妇相处融洽。这是兄代妹择婿，还有权要之女自择佳婿事。据《太平广记》载，古文家李翱在江淮为官，举子卢储投卷干谒。其女不意发现，钦佩文采，断言卢储必中状元。李翱深异女儿之言，遂决定冒险一试，卢储应婚。来年卢储果真高中头名，成婚之日，作《催妆》诗：

> 昔年将去玉京游，第一仙人许状头。
>
> 今日幸为秦晋会，早教鸾凤下妆楼。

迎娶后，官舍中的芍药花开，卢储又作诗曰："芍药斩新栽，当庭数朵开。东风与拘束，留待细君来。"意谓花开艳丽，连风都舍不得吹落，而是留待我美丽的妻子来和我一起观赏，可见二人婚后生活得浓情蜜意。所以说，机会总是留给有准备的人，卢储就是一个典型。唐人重功名，未第进士都会被人看作"白衣公卿""一品白衫"，意指有潜在的远大前程。已第进士，自然更为时人所敬重。《唐摭言》载赵嘏未第时，迷恋一美貌歌伎，为母所阻。及第后，美人已被浙西节度使所得，赵嘏来至浙帅府第，作《座上献元相公》：

> 寂寞堂前日又曛，阳台去作不归云。
>
> 当时闻说沙吒利，今日青娥属使君。

此诗用肃宗时强占诗人韩翃美姬的蕃将沙吒利典故，表达自己错失相好之人的失望。离开后，这位浙帅或许是忌惮赵之及第身份，竟让人将歌伎快送至正在赶路的赵嘏身边。可惜的是，美人一见情郎，竟然哭死过去，而且再没醒来，真是大煞风景。每读至此，真有点怀疑这位浙帅是不是在美人身上做了什么手脚。

当然，桃花运并不会降临到每位成名者头上，所谓"榜下择婿"或"榜下捉婿"，高门贵要选择的对象往往是那些出身世家且年轻有为者，年纪老大且家庭负担过重者自然被排除在外。做不了权贵之家的乘龙快婿，但只要要求不是太高，成名者的婚姻还是很容易解决的，这也是成名带来的额外红利。如陈峤，《南部新书》载其及第时已年逾六十，仍孑然一身。乡人看到他仕途前景不大，老年无依，为其介绍一儒家女，成婚时已近八十。众人作催妆诗起哄，他也自成一诗，有"彭祖尚闻年八百，陈郎犹是小孩儿"，众人绝倒。

第二节　谢恩

举子能够成名，主司即座主的青睐至关重要。对座主由衷的感激，亦是人之常情。后人对此颇有不满，批之为"受命公朝，拜恩私室"，是公权力的私利化，但在制度相对缺位的古代，这种必要的感激却成了人们伦理道德观念的一部分，如柳宗元就说："凡号门生而不知恩之所自出者，非人也。"当然，林子大了，什么鸟儿都有，也有个别极品的，如高拯，登第后不仅不感恩主司，反倒讽刺起来，《及第后赠试官》：

> 公子求贤未识真，欲将毛遂比常伦。
> 当时不及三千客，今日何如十九人。

可能是以前主司的黜落太伤其心，这次即使登第，也没什么好心情。虽有点不正常，但也觉得真切自然。

《南部新书》载崔群事。崔知贡举时，崔当年的座主陆贽之子陆简礼应试。崔录三十人而黜简礼。一次与妻闲谈，妻子要求他置些田产留给儿孙。群笑言已置三十所，即所放三十门生。妻子反诘道，如此说来，陆贽的庄田岂不是已荒废一所了？事虽个案，然唐代座主和门生之胶固关系则一览无遗。《太平广记》亦记有崔群事，不妨再看。崔之好友刘禹锡因"二王八司马"事被贬多年，崔无力施救，心中一直愧疚。刘之爱子咸允多年应举不第，急得老刘急火攻心，托崔帮忙。恰好当年知贡举者是崔之门生张正谟，遂招张嘱务必录小刘为第一。张当面应允，不料放榜后小刘虽录，但名次很后。崔大怒，发誓不再见张。后来崔为相，主持吏部书判拔萃科试，张之兄长张正矩应试，崔见其判文较佳，又误以为张是另一高官之弟，遂上报皇帝录取。谢恩时，张正矩特地感谢，说兄弟二人受恩深重之语，崔方悟其为正谟之兄，悔已无及，遂大骂其弟无赖，也不认这个门生。

　　崔群之思想和言行，均反映时人对座主施恩心态和门生报答义务的认可，因此及第后的谢恩，无论从道义上讲还是从情感上讲都是必需的。

一

　　《唐摭言》载有举子成名后拜谒座主情形，大致是各人手持门生帖，由状元带队，到座主宅门下马。鱼贯而入后，门生拜揖，座主答礼，落座。由状元开头，各人一一叙龄和社会关系等并致谢。叙时，成名者多会与名人攀附关联，以说明自己来头不俗。更有甚者，若与座主同宗，则叙辈分，万一自己辈分高于座主，就要主动降级。其间饮酒数巡，旁边还有一些高官观礼。礼

毕同出，自此算是正式确立了师生关系。临走时，门生一般心中
满怀感激之情。当然这只是第一次，主要是礼节性的，第二次称
为曲谢，可从容就之。周匡物《及第后谢座主》：

> 一从东越入西秦，十度闻莺不见春。
> 试向昆山投瓦砾，便容灵沼濯埃尘。
> 悲欢暗负风云力，感激潜生草木身。
> 中夜自将形影语，古来吞炭是何人。

　　周匡物寒素出身，十载不第。一朝中举，对座主感恩戴德，
誓言要学战国为报答恩人而吞炭毁容的豫让那样任座主驱驰。曹
邺《成名后献恩门》：

> 为物稍有香，心遭蠹虫啮。平人登太行，万万车轮折。
> 一辞桂岭猿，九泣东门月。年年孟春时，看花不如雪。
> 僻居城南隅，颜子须泣血。沉埋若九泉，谁肯开口说。
> 辛勤学机杼，坐对秋灯灭。织锦花不常，见之尽云拙。
> 自怜孤生竹，出土便有节。每听浮竞言，喉中似无舌。
> 忽然风雷至，惊起池中物。拔上青云巅，轻如一毫发。
> 珑珑金锁甲，稍稍城乌绝。名字如鸟飞，数日便到越。
> 幽兰生虽晚，幽香亦难歇。何以保此身，终身事无缺。

曹邺来自岭南桂林，孤寒凄凉，无人援手。一朝被主司录取，感激涕零，表示终身事奉座主，绝不会有所欠缺。赵嘏《成名年献座主仆射兼呈同年》：

> 拂烟披月羽毛新，千里初辞九陌尘。
> 曾失玄珠求象罔，不将双耳负伶伦。
> 贾嵩词赋相如手，杨乘歌篇李白身。
> 除却今年仙侣外，堂堂又见两三春。

赵嘏多年不第，一朝成名，感慨万端。他用黄帝失珠后无心复得以及音乐始祖伶伦善于辨音之典，又将自己比附前贤，用来称赞主司识人之明，拔自己于陆沉之际。最后赞美主司多次知举，桃李满天下，值得庆贺。再看杜荀鹤，他及第之事，当时就有人怀疑他是攀附权奸朱温所得，他做了很多努力，可惜一直未能洗刷恶名。《辞座主侍郎》：

> 一饭尚怀感，况攀高桂枝。此恩无报处，故国远归时。
> 只恐兵戈隔，再趋门馆迟。茅堂拜亲后，特地泪双垂。

杜之座主为裴贽。诗谓韩信受漂母一饭尚且怀恩，何况及第这样的大事呢？只是时局动荡，今日辞别座主回乡探望双亲后，不知何时才能再见。念及于此不觉潸然泪下。情动于中而发于言，杜荀鹤确是性情中人，联系自己及第的曲折和遭受到的非议，想不哭都难。

天复元年（901），唐王朝已是日薄西山，昭宗为宦官所劫后反正成功，为粉饰太平，特诏知贡举的杜牧次子杜德祥放几位老举子及第，有曹松、王希羽、刘象、柯崇、郑希颜五人，均年已七十左右，时号"五老榜"。考了一辈子的曹松不意临终前还能登第，大喜过望，作《及第敕下，宴中献座主杜侍郎》：

> 得召丘墙泪却频，若无公道也无因。
> 门前送敕朱衣吏，席上衔杯碧落人。
> 半夜笙歌教泥月，平明桃杏放烧春。
> 南山虽有归溪路，争那酬恩未杀身。

老诗人年已耄耋，可一旦及第，仍泣涕涟涟。梦想了一生的荣耀突然降临，都不知如何感激识拔自己的座主。本来进士及第后还要守选三年，此次昭宗特下诏，打破守选规定，直接授曹松等五人校书郎，总算让几位老书生实现人生理想。

二

座主提携自己，已属难得，不过有些成名者在感恩的同时，还会隐晦地向座主提出进一步的希求。施肩吾及第后，渴望在仕途上有所作为，《上礼部侍郎陈情》：

> 九重城里无亲识，八百人中独姓施。
> 弱羽飞时攒箭险，寒驴行处薄冰危。
> 晴天欲照盆难反，贫女如花镜不知。
> 却向从来受恩地，再求青律变寒枝。

诗言其出身孤寒，姓氏稀僻，将来入仕后，很可能遭人暗算，陷于险恶的官场。哪怕皇恩浩荡，贫寒出身者也会如覆盆一样很难翻身，再有才华也会无人赏识。因此希望座主不要只提携自己一次，而是再次提拔自己，改变自己这名孤寒之人的处境。姚鹄《及第后上主司王起》与施诗大意相同：

> 三年竭力向春闱，寒断浮华众路岐。
> 盛选栋梁非昔日，平均雨露及明时。
> 登龙旧美无邪径，折桂新荣尽直枝。
> 莫道只陪金马贵，相期更在凤凰池。

及第后拜谢座主，只是师生关系开始的第一步，后续的交往才能维系师生之间的感情。白居易及第后，座主升官，与同年一同道贺。有《与诸同年贺座主侍郎新拜太常，同宴萧尚书亭子》：

> 宠新卿典礼，会盛客征文。不失迁莺侣，因成贺燕群。
> 池台晴间雪，冠盖暮和云。共仰曾攀处，年深桂尚熏。

师生欢聚一堂，其乐融融。通过一次次的聚会，门生们越发感到座主之恩深。姚合及第后，与座主往来密切，座主有诗，他及时唱和，且多有称道。《和座主相公雨中作》：

> 清气润华屋，东风吹雨匀。花低惊艳重，竹净觉声真。
> 山际凝如雾，云中散似尘。萧萧下碧落，点点救生民。
> 缓洒雷霆细，微沾瓦砾新。诗成难继和，造化笔通神。

雨润万物，景色如画。老师诗中景物，处处都会联系到百姓疾苦。虽然我这位门生勉强应和，怎敌得了老师那支出神入化之笔所作啊！诗意谦和，落笔稳妥，很好地渲染了师生之谊。姚合另有《和座主相公西亭秋日即事》，亦同此类。

门生离开京城，会向座主辞别，如孟郊《擢第后东归书怀献座主吕侍御》，有"昔岁辞亲泪，今为恋主泣。去住情难并，别离景易戚"，将离开座主等同当年辞别父母一样让人悲伤，不由令人想起孟郊《游子吟》中对母亲的赞美和思念，而这种情感如今用在座主身上，让人感到年老方才及第的孟郊对座主的一片真心。杜牧在外地见到座主吴武陵的题诗，泪湿襟衫。《三川驿伏览座主舍人留题》：

> 旧迹依然已十秋，雪山当面照银钩。
> 怀恩泪尽霜天晓，一片馀霞映驿楼。

面对座主十年前的题诗，拜伏跪读；座主的恩德，在诗人心中如同一片夺目的晚霞那样祥和迷人，令人沉醉，惹人遐思。

对座主的感情，让一些门生产生一种游子般的眷恋。宦海沉浮，都会让他们向座主汇报，似乎远处的座主也在一直牵挂自己一样。卢肇除官，有诗寄座主王起，《除歙州途中寄座主王侍郎》：

> 忽忝专城奉六条，自怜出谷屡迁乔。
> 驱车虽道还家近，捧日惟愁去国遥。
> 朱户昨经新榮戟，风帆常觉恋箪瓢。
> 江天夜夜知消息，长见台星在碧霄。

诗人新任刺史，理政专城，仕途顺利。只是天遥路远，希望座主能够长在京城，官居高位。杜荀鹤及第后，时时念及座主裴贽的恩德。离京后，一次送一位韦姓官员返京，而这位官员曾与裴贽有同窗之谊。《送韦书记归京（座主侍郎同举）》：

> 韦杜相逢眼自明，事连恩地倍牵情。
> 闻归帝里愁攀送，知到师门话姓名。
> 朝客半修前辈礼，古人多重晚年荣。
> 从来有泪非无泪，未似今朝泪满缨。

因为座主的关系，杜韦二人友情倍增。诗人希望对方回到京城见到座主后话及自己，以表自己的思念和感恩。刘沧罢官守选，生计堪忧，向座主诉说宦情之苦，《罢华原尉上座主尚书》：

> 自怜生计事悠悠，浩渺沧浪一钓舟。
> 千里梦归清洛近，三年官罢杜陵秋。
> 山连绝塞浑无色，水到平沙几处流。
> 白露黄花岁时晚，不堪霜鬓镜前愁。

年龄老大却依然沉沦下僚，迁转间隔时，生计无着，心中的悲苦只好向座主诉说，反映了师生间无话不言的紧密关系。新罗崔致远及第后游宦扬州，座主裴瓒避乱于此，有《奉和座主尚书避难过维扬宠示绝句三首》：

> 年年荆棘侵儒苑，处处烟尘满战场。
> 岂料今朝觐宣父，豁开凡眼睹文章。
> 乱时无事不悲伤，鸾凤惊飞出帝乡。
> 应念浴沂诸弟子，每逢春色耿离肠。
> 济川终望拯湮沉，喜捧清词浣俗襟。
> 唯恨吟归沧海去，泣珠何计报恩深？

乱离之际，师生有幸重逢。要知道，游宦在外的门生一到春天，是多么思念座主的恩德啊！当年识拔门生我于困顿之际，只恐一朝回国，深恩再难报答。三诗情感真挚，在中国生活多年后，诗人已对这一套人情世态熟稔于心，下笔也从容得体。

座主与门生关系太过密切，很容易形成政治小团体，这既让皇帝不安，也让其他权臣嫉恨，借机打击势在必然。大历时，礼部侍郎令狐垣知贡举，部分权要请托不成，迭加中伤，放榜当天就将其贬出京城，而且禁止及第者跟他会面。十年后，有门生田敦任明州刺史，令狐垣移官至明州别驾，田敦才得以谢恩。会昌时，李德裕主政。李德裕出身荫封，厌进士浮华朋比之风，遂下令禁止及第者与主司之间的各种宴集。不过强令改变不了人们的观念，何况随着李党的倒台，禁令也就失效。所以说，不从制度建设角度考量，却一味打压人之常情，实为舍本逐末，也就不可能从根本上解决问题。

三

主司上有宰相和皇帝，录人不可能一手遮天。皇帝很少直接过问，但宰相过问较多，形成一种呈榜之规，即放榜前需宰相过目方可，实际上加大了宰相之权。李德裕为相，曾短暂取消，不过人亡政息，此规仍大行其道，这也就使得成名者的谢恩对象由主司必然扩展到了宰相。参见宰相又叫过堂，堂吏一一收集成名者名纸，由主司带领，状元致辞："今月日，礼部放榜，某等幸忝成名，获在相公陶铸之下，不任感惧。"然后一一通报姓名，自我介绍一番后结束。虽是礼节性的参见，但有百官观礼，声势还是颇为浩大。韩偓《及第过堂日作》：

> 早随真侣集蓬瀛，阊阖门开尚见星。
>
> 龙尾楼台迎晓日，鳌头宫殿入青冥。
>
> 暗惊凡骨升仙籍，忽讶麻衣谒相庭。
>
> 百辟敛容开路看，片时辉赫胜图形。

星星还没隐去，新及第的进士们就集合起来。太阳刚出，高耸的宫殿一片肃穆。似乎幸福来得太突然，众人还有点不相信眼前的一切，参谒仪式就正式开始了，那片刻的辉煌，哪怕画出图形，也实在难以形容得出来。

过堂在尚书省都堂举行，场面比参谒主司更为宏大，也更为庄重。《唐语林》载：会昌年间，卢肇榜，众成名者一同过堂事。过堂时，恰好状元卢肇有事缺席，由第二名丁棱代为致辞。丁口吃，容貌又丑，在众人嬉笑声中出场，欲言"棱等登科"语，不料"科"字无论如何也未能说出，又不能冷场，弄得"棱等登"连说多遍，众人大笑。后有人戏谑他，问：你很会弹筝吧？他自然否认。又问：过堂日，你不是一直"棱等登"么？成了时人笑料。

过堂时，宰相高踞正中，一众新及第者鱼贯而过，两相对比，地位悬殊，但年龄和资历却未必。《太平广记》载张曙和崔昭纬事。二人早年同学四川，张自命才高，时人皆以状元期许之，崔亦认同。考前二人找一算命先生，算的结果却是说崔将高中状元，而张则要等崔拜相后才能成名，且在崔面前过堂。当年崔果然中得状元，而张落第。张不忿，以诗讥刺道：

> 千里江山陪骥尾，五更风水失龙鳞。
> 昨夜浣花溪上雨，绿杨芳草为何人？

意谓二人千里迢迢赴京应试，我因为偶然的原因落第。皇恩浩荡之下，没想到春风得意的却是你！崔当然不高兴。夜来二人饮酒，崔用大杯灌张，戏言喝下后将来自己做了宰相，也录你为状元。张的自尊心更受打击，拂袖而去，竟与崔绝交。谁料七年后，张及第，过堂宰相正是当年的冤家崔昭纬，让人不得不感叹命运弄人！

第三节 宴游

及第是进入仕途的关键一步，此后还有一场关试，由吏部主持，通过后发给关牒，俗谓冬集书或春关，算是有了守选期满后参加铨选的资格。关试试判，多为形式，并不严格，所以有人竟不参加，也不见有什么后果。关试后，未授官者称前进士或前明经，如韩仪《知闻近过关试仪》："短行纳了付三铨，休把新衔恼

必先。今日便称前进士，如留春色与明年。"指的是试判后取得
吏部铨选资格，同时告诫及第者不要太过张狂，徒惹下第者羞
恼，虽已称作前进士，也应大度地祝愿别人次年同样能够登第。
关试后有关宴，关试后，成名者算是彻底放松了身心，可以无拘
无束地参加各种庆祝性质的宴游活动。通过这些活动，交朋结
友，搭建人脉，为将来入仕做准备。

一

曲江位于长安东南，开元时疏通，佳处多所，风景宜人。其
南有紫云楼、芙蓉苑，西有杏园、慈恩寺，花团锦簇，游人如
织。在曲江设宴，始于中宗时，初为不第者相互安慰之所，地方
冷僻，游人稀少。开元后曲江通畅，风景俱佳，及第者风至，结
果反客为主，落第者自然难争，遂退出，曲江宴就成了半官方性
质的盛大活动。《唐摭言》记其盛况，有时皇帝也会亲临紫云楼，
垂帘而观，故曹松有"追游若遇三清乐，行从应妨一日春"句。

曲江宴图

　　曲江宴又称关宴，是成名者关试后最为隆重的一场盛会，宴会上，吟诗作赋自然是一大雅事。贞元时，欧阳詹有《曲江池记》："重楼夭矫以萦映，危榭巉岩以辉烛。……都人遇佳辰于今月，就妙赏乎胜趣。"近百年后，咸通时，王棨有《曲江池赋》："只如二月初晨，沿堤草新。莺啭而残风袅雾，鱼跃而园波荡春。是何玉勒金策，雕轩绣轮；合合沓沓，殷殷辚辚；翠画千家之幄，香凝数里之尘。公子王孙，不羡兰亭之会；蛾眉蝉鬓，遥疑洛浦之人。是日也，天子降銮，舆停彩仗，呈丸剑之杂伎，间咸

韶之妙唱。帝泽旁流，皇风曲畅。"春色醉人，草长莺飞，持续
了多年的曲江胜景令人陶醉。如韩愈《同水部张员外曲江春游寄
白二十二舍人》："漠漠轻阴晚自开，青天白日映楼台。曲江水满
花千树，有底忙时不肯来？"

写曲江盛景诗文众多，但最引人注目的还是与曲江宴相关的
诗篇。如雍裕之《曲江池上》：

殷勤春在曲江头，全藉群仙占胜游。

何必三山待鸾鹤，年年此地是瀛州。

新科进士们参加曲江宴，如同登仙一般新奇醉人。徐夤《曲
江宴日呈诸同年》：

鹡鸰惊与凤凰同，忽向中兴遇至公。

金榜连名升碧落，紫花封敕出琼宫。

天知惜日迟迟暮，春为催花旋旋红。

好是慈恩题了望，白云飞尽塔连空。

出入仙境一样的曲江盛宴，连时光好像都流连难舍。哪怕是
宴终人散，也会让参与者们终生难忘。白居易《酬哥舒大见赠》：

> 去岁欢游何处去，曲江西岸杏园东。
>
> 花下忘归因美景，樽前劝酒是春风。
>
> 各从微官风尘里，共度流年离别中。
>
> 今日相逢愁又喜，八人分散两人同。

曲江宴，主角自然是新及第进士，不过还未参加科试或落第的士人同样也可来凑凑热闹。秦韬玉《曲江》：

> 曲沼深塘跃锦鳞，槐烟径里碧波新。
>
> 此中境既无佳境，他处春应不是春。
>
> 金榜真仙开乐席，银鞍公子醉花尘。
>
> 明年二月重来看，好共东风作主人。

曲江环境优美，景色迷人，是他处不及之地。登第者风采不俗，令人钦羡，但愿明年自己再来的时候，也会是其中的主角。

曲江大会上，皇帝的到来，使得整个宴会成了国家最高级别的盛会。上至达官贵人，下至贩夫走卒，无不想一睹繁华。除了进士们饮酒赋诗外，还会有一些歌手出场，如林宽《曲江》所言"柳絮杏花留不得，随风处处逐歌声"。如果有著名歌手的参加，更会将宴会推向高潮。李清照《词论》载："开元、天宝间，有李八郎者，能歌擅天下。时新及第进士开宴曲江，榜中一名士先召李，使易服隐姓名，衣冠故敝，精神惨沮，与同之宴所，曰：

'表弟愿与从末。'众皆不顾。既酒行，乐作，歌者进，时曹元谦、念奴为冠。歌罢，众皆咨嗟称赏。名士忽指李曰：'请表弟歌。'众皆哂，或有怒者。及转喉发声，歌一曲，众皆泣下，罗拜曰：'此李八郎也。'"瞧这一出演的，欲扬先抑，先装扮一副穷酸样，再突然露这么一手，直让人像坐过山车一样心脏扑扑跳。不过能够在众人兴高采烈时凭一曲唱哭全场，功底也着实了得。

乐极生悲，曲江宴上也出现过意外。据《独异志》载，开元时，司天官奏玄宗，言天象预示有名士三十人同日冤死之重灾，而当年新及第进士正应此数。其中有叫李蒙的，是公主家的女婿，玄宗告诫公主不要让李蒙参加大型游宴活动。不料李蒙难耐寂寞，一次竟翻墙而出，与众新及第者泛舟于曲江池，一时暴风骤起，舟沉，无一生还。此事多半虚假，但有"报罗"之说为真事。《唐摭言》载，贞元时，进士及第的罗玠在曲江泛舟，舟沉溺毙。后有进士如此者，俗称"报罗"，真正是一大悲剧。

二

曲江宴后，还有更好看的重头戏，那就是杏园探花。章碣《曲江》：

日照香尘逐马蹄，风吹浪溅几回堤。

无穷罗绮填花径，大半笙歌占麦畦。

落絮却笼他树白，娇莺更学别禽啼。

只缘频燕蓬州客，引得游人去似迷。

探花宴开，人流如织。人们衣着光鲜，在悠扬的音乐声中游玩。或许是受人情的感染，杏花的落絮张扬地飞笼在他树之上，黄莺的啼声也特别吸引人。杏园就要开宴了，所有的人都留连忘返，好一睹探花盛况。李远《陪新及第赴同年会》亦同此意：

曾攀芳桂英，处处共君行。今日杏园宴，当时天乐声。

柳浓堪系马，花上未藏莺。满座皆仙侣，同年别有情。

杏园探花，是从新及第进士中选取两位年轻英俊者，作为两街探花使，京城内名园任进，折花以助兴。如果有他人提前折得盛开的牡丹或芍药等名花，两人则受罚。需说明的是，此探花使与宋以后把进士及第第三名叫作探花是不同的。如张籍《喜王起侍郎放榜》：

东风节气近清明，车马争来满城禁。

二十八人初上牒，百千万里尽传名。

谁家不借花园看，在处多将酒器行。

共贺春司能鉴识，今年定合有公卿。

诗中明言京中一般花园都是可以进的。李绅《忆春日曲江宴后许至芙蓉园》：

春风上苑开桃李，诏许看花入御园。

香径草中回玉勒，凤凰池畔泛金樽。

绿丝垂柳遮风暗，红药低丛拂砌繁。

归绕曲江烟景晚，未央明月锁千门。

诗写探花春晚，其中更明言，连皇帝的御花园也可以进。

杏园图

为了显示隆重，探花宴由皇帝下旨举行。探花使跨马，仆从携袋，装上图障、酒器、钱绢等物，到人家花园时，折花并与主人交流共饮，便用得上此等物事。折花回来时状元或管事的需清点这些东西，丢失了受罚，所以探花使要好酒量才行。由于杏园宴一般在清明前后，正是杏花、牡丹、芍药怒放之时，探花使回来后需将花开艳丽处向大家推荐，众新人好一同前往，这对有花园的人家而言也是一份莫大荣耀。皮日休《登科后寒食杏园有宴因寄录事宋垂文同年》有"雨洗清明万象新，满城车马簇红筵"句，刘沧《及第后宴曲江》更写当时盛况：

> 及第新春选胜游，杏园初宴曲江头。
>
> 紫毫粉壁题仙籍，柳色箫声拂御楼。
>
> 霁景露光明远岸，晚空山翠坠芳州。
>
> 归时不省花间醉，绮陌香车似水流。

赏花饮酒，车水马龙，热闹非凡。

杏园宴上，最出风头的便是那两位年轻英俊的探花郎了。新科进士如果被选中，当然是无比得意。韩偓有《余作探使以缭绫手帕子寄贺因而有诗》诗，记其此段难忘一幕：

> 解寄缭绫小字封，探花筵上映春丛。
>
> 黛眉印在微微绿，檀口消来薄薄红。

> 缠处直应心共紧，砑时兼恐汗先融。
> 帝台春尽还东去，却系裙腰伴雪胸。

探花宴上，美女相伴，春色无边。当这位美女将绢帛写就的信文赠给探花的诗人时，羞答答、汗融融，手捂胸口，紧张无比。诗人遗憾自己即将离京，脑海中仍留下伊人迷人的风姿，久久难以忘怀。翁承赞有《擢探花使三首》，回忆当年的荣耀时光：

> 洪崖差遣探花来，检点芳丛饮数杯。
> 深紫浓香三百朵，明朝为我一时开。
> 九重烟暖折槐芽，自是升平好物华。
> 今日始知春气味，长安虚过四年花。
> 探花时节日偏长，恬淡春风称意忙。
> 每到黄昏醉归去，纻衣惹得牡丹香。

诗人被选为探花使，高兴得忘乎所以了，把自己想象成仙人洪崖差遣的天使，陶醉其中。

杏园宴集，其中探花活动最吸引人，同年之间借此互相拉近关系也是少不了的。曹邺《杏园即席上同年》：

> 歧路不在天，十年行不至。一旦公道开，青云在平地。
> 枕上数声鼓，衡门已如市。白日探得珠，不待骊龙睡。

匆匆出九衢，僮仆颜色异。故衣未及换，尚有去年泪。

晴阳照花影，落絮浮野翠。对酒时忽惊，犹疑梦中事。

自怜孤飞鸟，得接鸾凤翅。永怀共济心，莫起胡越意。

　　希望大家在未来的官场上要同舟共济，这也是宴集之主要目的。皮日休《登第后寒食杏园有宴因寄录事宋垂文同年》：

雨洗清明万象鲜，满城车马簇红筵。

恩荣虽得陪高会，科禁惟忧犯列仙。

当醉不知开火日，正贫那似看花年。

纵来恐被青娥笑，未纳春风一宴钱。

　　诗人把个人风流放浪事向同年和盘托出，可见一旦成为同年，关系马上亲近起来，这与孟郊《长安羁旅行》中所言"失名谁肯访，得意争相亲"形成鲜明对比。

　　由来只有新人笑，有谁听到旧人哭。杏园宴集，人生乐事，此时此刻，那些落第者的艳羡、失落和嫉妒有谁关注呢？大中十年（856），驸马都尉郑颢知举，与宰相令狐绹之子令狐滈沆瀣一气，取人不公。放榜后，郑颢去往洛阳探望父亲，门生在长乐驿设宴送行。人刚散去，就有不忿者于墙上题诗曰：

三十骅骝一哄尘，来时不锁杏园春。

杨花满地如飞雪，应有偷游曲水人。

诗中直言新科进士中有人靠关节及第，根本不配参加曲江盛会。只是说了也是白说，晚唐自宣宗、懿宗、僖宗三朝，科场不法已是公开的秘密，直到昭宗时才有所好转，可惜士子们的赤诚之心早已冰冷，并在一定程度上加速了唐王朝的灭亡。

三

杏园宴后，新科进士们还有一项重要活动，便是到慈恩寺雁塔题名。寺在长安东南晋昌坊，是贞观年间太子李治为纪念母亲文德皇后所建。李治登基后的永徽年间，三藏法师玄奘请于寺中建塔，即慈恩寺塔，又名大雁塔。初建五层，武后时加为十层，后经兵火，存下七层。国人有"到此一游"之好，雁塔题名，并非新科进士之专利，始于何时亦难以考清，比较公认的说法是起于大历时期。题名并非各人自刻，而是同年中推举一善书者，统一写好，

长安大雁塔

交由专门的雕刻匠人镌入砖中。日后有出将入相的，再描以朱红。尚未及第的，若题名图个彩头也未尝不可，即便将来及第，只需在名前加一"前"字，以示成名。

白居易二十九岁及第，仍属年轻，自豪地写下"慈恩塔下题名处，十七人中最少年"句，以抒得意之情。朱庆馀《赠凤翔柳司录》有"杏园北寺题名日，数到如今四十年"句，慨叹对方成名后的漫长仕途。黄滔《成名后呈同年》有"名推颜柳题金塔，饮自燕秦索玉姝"句，写成名后快慰时光。张籍的朋友孟寂不幸身故，《哭孟寂》诗云：

曲江院里题名处，十九人中最少年。

今日春光君不见，杏花零落寺门前。

本来象征着成功和喜庆的杏花似乎也在为当年的宴会主角而悲伤。

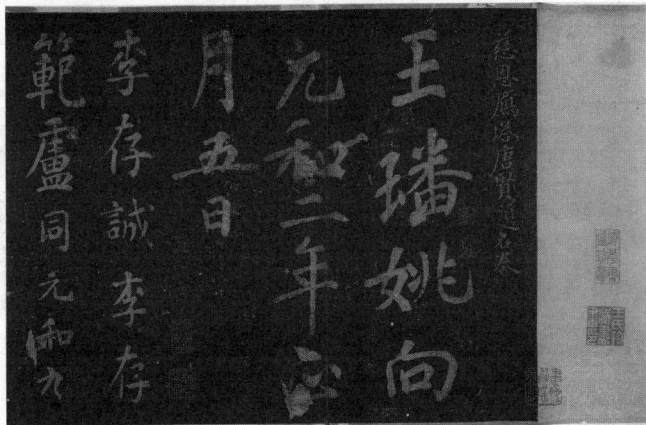

雁塔题名

　　繁华过后，一片狼藉。留下的回忆，也会让人感慨万端。白
居易是个重情之人，回到当年的风光之地，怅惘之情，油然而
生。《三月三十日题慈恩寺》：

　　　　　　　慈恩春色今朝尽，尽日徘徊倚寺门。
　　　　　　　惆怅春归留不得，紫藤花下渐黄昏。

　　这是亲身经历者的惆怅。那些无由参与者，可能有着更复杂
的况味。鱼玄机《游崇真观南楼睹新及第题名处》：

　　　　　　　云峰满目放春晴，历历银钩指下生。
　　　　　　　自恨罗衣掩诗句，举头空羡榜中名。

　　身为女子，再有才华，也只能为罗衣所掩，成名的梦想永不
可能实现。

　　除曲江宴、杏园宴、雁塔题名等活动外，还有闻喜宴、樱桃
宴、月灯宴、烧尾宴等，后四者不一定会举行。闻喜宴是曲江宴
会的一种，特色不明显。樱桃宴，则是贵要之家有新及第者，购
得初上市樱桃请众同年品尝，以博取名声，如前文所述的刘邺子
刘覃就这样大方过一回。月灯宴是在清明前后，新科进士们在月
灯阁聚会，主要节目则是打马球，时称击毬。官员升迁或举子登
第皆可举办烧尾宴，寓辞旧迎新意。

烧尾宴图

天下没有不散的宴席。这些公开的宴游活动一般要持续一两个月，其间还会穿插一些私人性质的文人雅集，这些自然也是宴游活动的一部分，而且更有文学特色。

四

王起三知贡举，录人众多，且评价良好。会昌三年（843），是他第三次主试。华州刺史周墀寄《贺王仆射放榜》诗：

文场三化鲁儒生，三十馀年振重名。

曾忝木鸡夸羽翼，又陪金马入蓬瀛。

虽欣月桂居先折，更羡春兰最后荣。

欲到龙门看风雨，关防不许暂离营。

此诗并有序："仆射十一叔以文学德行，当代推高。在长庆之间，春闱主贡，采摭孤进，至今称之。近者，朝廷以文柄重难，将抑浮华，详明典实，繇是复委前务。三领贡籍，迄今二十二年于兹，亦缙绅儒林罕有如此之盛。况新榜既至，众口称公。墀忝沐深恩，喜陪诸彦，因成七言四韵诗一首，辄敢寄献，用导下情，兼呈新及第进士。"周墀诗意明白，当年他凭《木鸡赋》及第，并曾与王起一同在内庭为官。如今职守所在，不能当面庆贺，特寄诗云云。

华州为上州，刺史为正三品，朝廷重臣。王起当然不敢怠慢，召来新及第门生，既是小聚，也是唱和。王起首和：

贡院离来二十霜，谁知更忝主文场。

杨叶纵能穿旧的，桂枝何必爱新香！

九重每忆同仙禁，六义初吟得夜光。

莫道相知不相见，莲峰之下欲征黄。

此诗老到得体，自谦中有自得，回忆中有欣慰，感谢中有祝愿。诸门生二十二人纷纷按座主之意应和，这里挑出几首突出者，以见此类雅集文采。状元卢肇诗：

> 嵩高降德为时生，洪笔三题造化名。
> 凤诏仁归专北极，骊珠搜得尽东瀛。
> 褒衣已换金章贵，禁掖曾随玉树荣。
> 明日定知同相印，青衿新列柳间营。

前四句承周墀之诗意贺座主，五六句贺周之高升，后二句是对二人的共祝，同时表达门生的自豪之情。第二名丁棱诗：

> 公心独立副天心，三辖春闱冠古今。
> 兰署门生皆入室，莲峰太守别知音。
> 同升翰苑时名重，遍历朝端主意深。
> 新有受恩江海客，坐听朝夕继为霖。

前二句赞座主，中四句称道二人恩宠异常，后二句表达仰慕之情。高退之诗：

> 昔年桃李已滋荣，今日兰荪又发生。
> 荺菲采时皆有道，权衡分处且无情。
> 叨陪鸳鹭朝天客，共作门阑出谷莺。

何事感恩偏觉重？忽闻金榜扣柴荆。

高退之策试一完，不敢望及第，立即回到乡下山居。直到报喜人上门通知，方知登第。所以此诗重在一表座主三知贡举之荣，二表自己谦逊之意。孟球诗：

当年门下化龙成，今日馀波进后生。
仙籍共知推丽藻，禁垣同得荐嘉名。
桃蹊早茂夸新萼，菊圃初开耀晚英。
谁料羽毛方出谷，许教齐和九皋鸣。

称赞座主和周墀一届届提携后进，桃李满天下，今日躬逢其中，真正是无比荣幸。孟守诗：

科文又主守初时，光显门生济会期。
美擅东堂登甲乙，荣同内署侍恩私。
群莺共喜新迁木，双凤皆当即入池。
别有倍深知感士，曾经两度得芳枝。

孟守曾于长庆三年（823）王起知举时登第，不料呈榜时被宰相黜落。二十年后，此次王起再知举，终于荣显。欢喜之余，是多年蹉跎的酸楚和无奈。其余尚有多人诗作，不再赘录，只是表明此类聚会，同样是成名者公私宴游之一部分，也是体现登第之荣耀的重要载体。

　　成名者参加座主举办的聚会，也是一种文学和人生的历练。《唐摭言》载，宝历时，杨嗣复主试放榜后，率众门生迎其父归京。宴会之上，大才子元稹、白居易俱在，自然少不得赋诗相贺。杨汝士诗曰："隔坐应须赐御屏，尽将仙翰入高冥。文章旧价留鸾掖，桃李新阴在鲤庭。再岁生徒陈贺宴，一时良史尽传馨。当年疏傅虽云盛，讵有兹筵醉绿醽。"此诗前三联夸宴会高朋满座之盛，赞主人父子两代荣华，定会青史留名。气势非凡，符合人物身份。但让元、白收手的，却不仅是此诗前三联的效果，而是后一联中"疏傅"典故使用之大胆，使元白不由得有所顾忌。汉时，疏广、疏受叔侄同为汉宣帝太傅和少傅，并同时于荣显之际功成身退。联系杨於陵、杨嗣复之盛，莫非杨汝士是在暗劝其父子二人同时退休？元、白看后失色，醉酒的杨汝士尚回去后向家人炫耀道："我今日压倒元、白。"可见，元、白收手的原因是免生是非，而不是真正叹服此诗。在这种场合中，成名者跟随座主，既能增加见识，又能历练人生，实属难得的宴游活动。

五

　　繁华消尽，生活还得继续。成名者参加了一系列公开的宴游活动后，离别的氛围渐渐浓郁起来。为此，一场又一场的送别宴会接踊而来。落第者大多在京城过夏，以待来年再战文场；成名者衣锦还乡，此际，熟人、老乡、同年甚或权要们，纷纷锦上添花般捧场相送，祝福、羡慕、畅想的诗篇首首相连，让每个成名者深深感到，此次的返乡之旅竟是如此之美好，令人神往！

名登金榜，衣锦还乡，是所有成名者的梦想。家人的期待是殷切的，李频《长安感怀》"一第知何日，全家待此身"。许棠《冬杪归陵阳别业》"骨肉嗟名晚，看归却泪垂"。方干《送吴彦融赴举》"上国才将五字去，全家便待一枝归"。因此，一旦成名，回乡的荣耀想想都让人激动不已。岑参《送许子擢第归江宁拜亲，因寄王昌龄》：

> 到家拜亲时，入门有光荣。乡人尽来贺，置酒相邀迎。

这是最常见的场景，体现的是浓浓的乡情。岑参又有送薛氏兄弟诗二首。《送薛播擢第归河东》：

> 归去新战胜，盛名人共闻。乡连渭川树，家近条山云。
> 夫子能好学，圣朝全用文。弟兄负世誉，词赋超人群。
> 雨气醒别酒，城阴低暮曛。遥知出关后，更有一终军。

《送薛彦伟擢第东归》：

> 时辈似君稀，青春战胜归。名登郗诜第，身著老莱衣。
> 称意人皆美，还家马若飞。一枝谁不折，棣萼独相辉。

薛播文场战胜，天下扬名。其弟兄薛据、薛总和从兄弟彦伟、彦辅、彦国、彦云等七人，词采缤纷，后来也都进士及第，一门光显。真是如同汉之终军一样入关必胜，功名唾手可得。顾非熊《送喻凫春归江南》：

> 去年登第客，今日及春归。莺影离秦马，莲香入楚衣。
> 里闾争庆贺，亲戚共光辉。唯我门前浦，苔应满钓矶。

伴随着莺啼花香，回到家乡，亲友的道贺让门楣更添光彩。刘得仁《送高湘及第后东归觐叔》：

> 此去几般荣，登科鼎足名。无惭入南巷，高价耸东京。
> 窗对嵩山碧，庭来洛水声。门前桃李树，一径已阴成。

登科名高，响彻故乡。虽"桃李无言，下自成蹊"，可想象乡人们的追捧热情。钱起《送张参及第还家》：

　　大学三年闻琢玉，东堂一举早成名。

　　借问还家何处好，玉人含笑下机迎。

　　张参在外游学三年，成名还家，自然有美丽的妻子热情相
迎。不仅妻子，小妾亦同样欢喜。卢东表及第，妾窦梁宾有《喜
卢郎及第》诗：

　　晓妆初罢眼初睡，小玉惊人踏破裙。

　　手把红笺书一纸，上头名字有郎君。

　　长庆时，李馀登进士第，归去蜀乡，众人相送。张籍《送李
馀及第后归蜀》：

　　十年人咏好诗章，今日成名出举场。

　　归去唯将新诰牒，后来争取旧衣裳。

　　山桥晓上蕉花暗，水店晴看芋叶光。

　　乡里亲情相见日，一时携酒上高堂。

　　拿着录取文书回乡，后进者纷纷向他讨要旧衣以图吉利。一路
上春光明媚，回乡后荣耀无比。朱庆馀《送李馀及第归蜀》：

从得高科名转盛，亦言归去满城知。

发时谁不开筵送，到处人争与马骑。

剑路红蕉明栈阁，巴村绿树荫神祠。

乡中后辈游门馆，半是来求近日诗。

　　及第得名荣归，众人攀结相送。风光旖旎，山水含笑，后辈讨教，自尊心得到了极大的满足。姚合《送李馀及第归蜀》：

蜀山高岌嵲，蜀客无平才。日饮锦江水，文章盈其怀。

十年作贡宾，九年多遭回。春来登高科，升天得梯阶。

手持冬集书，还家献庭闱。人生此为荣，得如君者稀。

　　虽然历经了一些磨难，但毕竟成名。拿着春关，回乡荣耀一时。人生得此等者能有几人啊！

　　其余进士及第返乡，众人相送之诗，大同小异，核心之语自然是荣亲。亲人的期待是奋斗的原动力，让亲人幸福更是古往今来众多成功者最为原始而又最为持久的追求。王贞白登第后返乡，僧贯休有《送王贞白重试及第东归》：

心苦酬心了，东归谢所知。可怜重试者，如折两三枝。

雨毒逢花少，山多爱马迟。此行三可美，正值倒戈时。

王贞白及第于乾宁二年（895），此年崔凝主试，录二十五人，昭宗疑其不公，诏覆试，结果斥落十人，贞白仍登第。所以贯休贺其恰如折桂"两三枝"一样值得珍视。裴说也有送诗，《见王贞白》：

> 共贺登科后，明宣入紫宸。又看重试榜，还见苦吟人。
> 此得名浑别，归来话亦新。分明一枝桂，堪动楚江滨。

不仅是进士及第，哪怕是明经及第，也足以让亲人开怀，让乡亲羡慕。如章孝标《送张孝廉归吴》：

> 吴将勤苦见高科，艺至春官不奈何。
> 想得江南诸父老，因君鞭挞子孙多。

黄滔《送人明经及第东归》：

> 十问九通离义床，今时登第信非常。
> 亦从南院看新榜，旋束春关归故乡。
> 水到吴门方见海，树侵闽岭渐无霜。
> 知君已塞平生愿，日与交亲醉几场。

由诗可见明经及第，一样让人看重。唐时常举除进士、明经外，还有其他杂科。如神童举，便是为那些早慧儿童成名而设。《太平广记》载有一刘神童，六岁登第。当时昭宗不信，亲自复试，成功通过。众人称羡，都官郑谷作诗《赠刘神童》道：

> 习读在前生，僧谈足可明。还家虽解喜，登第未知荣。
> 时果曾沾赐，春闱不挂情。灯前犹恶睡，寐语读书声。

如此聪明的小可人儿，我们怎么忍心斥之为应试教育的牺牲品呢？可孩子的人生初体验，是不是真的在经书中找到了快乐呢？

被送时的满满幸福，使得省亲的愿望变得更为迫切。白居易《及第后归觐留别诸同年》：

> 十年常苦学，一上谬成名。擢第未为贵，贺亲方始荣。
> 时辈六七人，送我出帝城。轩车动行色，丝管举离声。
> 得意减别恨，半酣轻远程。翩翩马蹄疾，春日归乡情。

回乡时，同年相送，酒意正浓，哪怕路程较远，也不会感到漫长。伴随着春光，在"哒哒"的马蹄声中踏上归乡之路，心情舒畅无比。

六

送新罗及第者回国，更增一份伤感，因为离别意味着永诀。金可纪登第回国，章孝标《送金可纪归新罗》：

> 登唐科第语唐音，望日初升忆故林。
> 鲛室夜眠阴火冷，蜃楼朝泊晓霞深。
> 风高一叶飞鱼背，潮净三山出海心。
> 想把文章合夷乐，蟠桃花里醉人参。

登第后归心似箭，一心想早日回到故国省亲。历经波涛后，回国后一定是风光无比，文章合乐奏，盛宴醉人参。金夷吾回国，张乔作《送宾贡金夷吾奉使归本国》：

> 渡海登仙籍，还家备汉仪。孤舟无岸泊，万里有星随。
> 积水浮魂梦，流年半别离。东风未回日，音信杳难期。

对朋友的离去充满无限伤感，因为音信阻隔，天遥地远，无缘再见。另有数首此类诗作，情形大致相同。如张蠙《送友人及第归新罗》：

家林沧海东，未晓日先红。作贡诸蕃别，登科几国同。
远声鱼呷浪，层气蜃迎风。乡俗稀攀桂，争来问月宫。

极写友人回乡后的荣耀。贯休《送新罗人及第归》：

捧桂香和紫禁烟，远乡程彻巨鳌边。
莫言挂席飞连夜，见说无风即数年。
衣上日光真是火，岛旁鱼骨大于船。
到乡必遇来王使，与作唐书寄一篇。

想象友人回乡之旅的神奇景象，特别是希望去后不要杳无音信，
而是作书一封让使者带到中国。杜荀鹤《送宾贡登第后归海东》：

归捷中华第，登船鬓未丝。直应天上桂，别有海东枝。
国界波穷处，乡心日出时。西风送君去，莫虑到家迟。

全诗充满了对友人的依依惜别之情，也可看作大唐与新罗文
人之间友谊的见证。

崔匡裕入唐后，十年无成，长期滞留长安。他有《长安春日
有感》："麻衣难拂路歧尘，鬓改颜衰晓镜新。上国好花愁里艳，
故园芳树梦中春。扁舟烟月思浮海，羸马关河倦问津。只为未酬
萤雪志，绿杨莺语大伤神。"诗中充满了功名未就的凄凉。另有

《送乡人及第还国》：

> 仙桂浓香惹雪麻，一条归路指天涯。
> 高深朝夕贪调膳，上国欢游罢醉花。
> 红映唇楼波吐日，紫笼鳌极岫横霞。
> 同离故国君先去，独把空书寄远家。

　　一丝欢庆，一丝怅惘，一丝安慰，带上一封家书，问候久别的亲人。与中国文人相比，科场失意的他，送别时的体味应该更为复杂难陈。

唐与东北亚诸国

　　唐时周边国家日本、大食、渤海、新罗来华文人众多。日本文人不以科第为务，新罗等三国文人则希望在中国考中进士，获取官职或功名，其中以新罗为最多，据统计整个唐代新罗有近千文人来华，登科者就有数十人。这些人来华后，加入中国文人行列，以登科为急务，如最为有名的崔致远，年十二入华，其父就要求他十年必须登进士第，否则不以父子相认。登唐进士第回新罗后，颇受重用，往往都能显达，如崔致远回国后就位至兵部侍郎。哪怕没有登第的，回国后也能谋得一官半职，这才掀起新罗文人入唐镀金潮。唐政府则顺应时势，将每年外国文人登第名额固定为二至三人，并降低录取标准，给予每人十年为限的"读书粮"和"时服"，使新罗文人充满希望；但放榜时将他们附于榜尾，授官时也都是僻远小官，不过这些细枝末节，并不影响新罗文人的求第热情。

崔致远像

七

　　成名后的宴游活动，着实丰富多彩。除了上述这些常见的公私宴聚活动外，其他各种庆贺、小聚类的活动想来更不会少，成名者似乎生活得如同神仙一般快活，走到哪里都会有鲜花和掌声。不过光鲜的背后，都会有难以为外人道的现实问题，那就是，这么多的活动，开支一定不小，钱财从何而来？这么问，着实有些大煞风景，也颇为庸俗，但事关根本，装聋作哑可不行。

此类活动以晚唐为盛，政府是不会出钱的。乾符二年（875）下诏曰："近年以来，浇风大扇，一春所费，万余贯钱，况在麻衣，从何而出？力足者乐于书罚，家贫者苦于成名，将革弊端，实在中道。"看到了问题，也准备采取限制措施，不过面对晚唐奢华世风，朝廷难有作为。晚唐世风如何，且看韦庄《咸通》诗：

> 咸通时代物情奢，欢杀金张许史家。
> 破产竞留天上乐，铸山争买洞中花。
> 诸郎宴罢银灯合，仙子游回璧月斜。
> 人意似知今日事，急催弦管送年华。

权要之家穷奢极欲，陷入末世狂欢之中。红男绿女，醉生梦死。整个社会似乎都知道好景不长，拼命地及时行乐。就这样的世风，靠日趋衰弱的朝廷一两道圣旨来改变，无异于缘木求鱼。

这样，成名者参加的公共宴游活动，均需自费。晚唐后，京城出现垄断性的商业性营利组织进士团，以何士参为首，招集上百名闲杂人员组成，专门为成名者的各种活动提供有偿服务。服务项目一是准备关宴，"四海之内，水陆之珍，靡不毕备"，可见档次和花费都很高。二是租一处靠近座主家的房子，称为期集院，便于成名者前往座主家谢恩；同时，该处所还是新科进士宴集的主要场所。三是座主带新进士参谒宰相前，为众人准备酒食。四是向及第者报喜，自然需要赏钱打发一二。五是为新进士们集体活动时出行开路。有一故事，言薛能晚年在秘书监任上，仕途失意，一次骑着瘦马带着破旧行李在街上与新进士们相遇，被进士团职员要求回避。此外，进士团虽是一民间商业组织，但权限颇大，似乎吃定了成名者的生意。它不仅垄断了新科进士的所有生意，还颇有威势，欠钱的不交够，不开关宴或不参加关宴的，一律不准出京，民间戏称为索债宴。一次，卢象成名后不打算参加关宴，特向进士团请假，借口去洛阳省亲，实际上仍淹留长安游玩。曲江宴上，卢象耐不住吸引，换衣拥妓来曲江附近观看，被发现后狠罚了他一大笔钱。进士团中人还有拉皮条者，在成名者和妓女两边讨好，从中渔利。种种行径，让人无语。其中有无官商勾结因素，当是不言自明。

第四章　落第——诗心苦涩

唐时，一年贡进士近八百人，录取三十人左右，成名的永远只是少数幸运儿。落第者以诗抒写内心的苦涩，以及对未来的打算，在痛苦中徘徊，在怨刺中追问，都体现在他们的一首首诗中。这些诗占据了许多诗人创作的主流，同情，沉思，还是穿越千年后的清醒？白乐天《把酒思闲事》有语，"把酒思闲事，春愁谁最深？乞钱羁客面，落第举人心"，可谓知言。

第一节　痛苦

希望越高，失望越深。当名落孙山的现实摆在面前，刹那间的错愕和伤感或许会一下子填满心头。多年的努力付诸东流，落寞无助是那样残忍地噬啮着脆弱的心灵。是哭泣，是羞愧，还是无眠？

一

落第者自感付出太多，却了无回报，不禁泣下如雨。孟郊《再下第》："一夕九起嗟，梦短不到家。两度长安陌，空将泪见花。"赵嘏《下第后上李中丞》:"落第逢人恸哭初,平生志业欲何如。鬓毛洒尽一枝桂,泪血滴来千里书。"《落第寄沈询》:"穿杨力尽独无功,华发相期一夜中。别到江头旧吟处,为将双泪问春风。"崔涂《蜀城春》:"天涯憔悴身,一望一沾巾。在处有芳草,满城无故人。"黄滔《下第》:"昨夜孤灯下,阑干泣数行。辞家从早岁,落第在初场。"许浑《下第别杨至之》:"花落水潺潺,十年离旧山。夜愁添白发,春泪减朱颜。"杜荀鹤《下第东归道中作》:"一回落第一宁亲,多是途中过却春。心火不销双鬓雪,眼泉难濯满衣尘。"罗隐《西京崇德里居》:"进乏梯媒退又难,强随豪贵殢长安。风从昨夜吹银汉,泪拟何门落玉盘。"除了在诗中言己为落第痛哭外,还有举子由于长年不第,练就了善哭的本领。据《唐国史补》载唐衢多年不第,唯善哭,每一出声,音调哀切感人,听者禁不住会流下泪来。一次游于太原,遇当地正犒劳三军。唐衢于酒席之上醉而痛哭,众人相顾不乐,搞得主将宣布宴会停止。落第之痛,竟至于此!

落第的伤痛,似乎只有泪水才能暂时冲洗而得以减轻。痛过了,哭过了,内心的自伤自怜,只有在静下心后才能体味得更为真切。陈子昂《宿空舲峡青树村浦》:"委别高堂爱,窥觎明主恩。今成转蓬去,叹息复何言。"以为一到京城就能登第,如今竟如飘蓬一样辗转不定,除了叹息之外,还能说什么呢?孟郊《夜感自遣》:

> 夜学晓未休，苦吟神鬼愁。如何不自闲，心与身为雠。
>
> 死辱片时痛，生辱长年羞。清桂无直枝，碧江思相游。

为了及第，夜以继日地勤学作诗，连自身的健康也不顾了。每天承受着长年不第的烦恼和屈辱，真正是生不如死。雍陶《再下第将归荆楚上白舍人》：

> 穷通应计一时间，今日甘从刖足还。
>
> 长倚玉人心自醉，不辞归去哭荆山。

诗人自比献玉的卞和，哪怕受尽苦楚，也要寻找知音。只是天下之大却无人识货，只能痛哭于山野，辜负这大好青春年华。邵谒《下第有感》：

> 古人有遗言，天地如掌阔。我行三十载，青云路未达。
>
> 尝闻读书者，所贵免征伐。谁知失意时，痛于刃伤骨。

天地虽大，我的路却如此难行。一次次的失意，如刀割一样痛入骨髓。刘驾《长安旅舍纾情投先达》：

> 岐路不在地，马蹄徒苦辛。上国闻姓名，不如山中人。
>
> 大宅满六街，此身入谁门。愁心日散乱，有似空中尘。

> 白露下长安，百虫鸣草根。方当秋赋日，却忆归山村。
>
> 静女头欲白，良媒况我邻。无令苦长叹，长叹销人魂。

　　失意的诗人，飘零在偌大的长安城中。漫天的愁思，多如空中的尘埃。秋深了，天寒了，一年一度的秋试日期又到了，可自己却想起故乡的山村。时光一点点流逝，哪里才能寻找到知音？一声长叹，黯然销魂。又《下第后屏居长安书怀寄太原从事》：

> 刖足岂更长，良工隔千里。故山彭蠡上，归梦向汾水。
>
> 低摧神气尽，僮仆心亦耻。未达谁不然，达者心思此。
>
> 行年忽已壮，去老年更几。功名生不彰，身殁岂为鬼。
>
> 才看芳草歇，即叹凉风起。匹马未来期，嘶声尚在耳。

　　怀才不遇的伤痛，何时才能停止？知音难觅，梦魂心惊。生命一天天老去，功名也越来越难成。秋风萧瑟，马嘶凄楚，人生的出路到底在哪里啊？这一徘徊在人生十字路口的苦闷独白，牵动了多少失意举子的心！

　　二

　　落第后无论多么痛苦，回乡看望双亲，以慰他们悬望之苦是必需的。殷遥《送友人下第归省》：

君此卜行日，高堂应梦归。莫将和氏泪，滴着老莱衣。

岳雨连河细，田禽出麦飞。到家调膳后，吟好送斜晖。

下第的友人，在双亲的期盼下，离京归省。诗人叮嘱朋友，千万要节制一下自己的悲伤，不要把酸楚的泪水，滴在了年迈的父母身上。在他们人生的晚景当中，你还是要好好服侍才是啊！李洞《下第送张霞归觐江南》：

此道背于时，携归一轴诗。树沉孤鸟远，风逆寒驴迟。

草入吟房坏，潮冲钓石移。恐伤欢觐意，半路摘愁髭。

诗人与友人同时落第，同病相怜。远看张霞骑瘦驴，袖诗卷，风餐露宿，返回故乡。为了不让家人看到你落拓悲苦之状，你还是理一理胡须，打起精神来吧！

落第不仅仅让人充满伤痛，更难堪的是面对亲人时的羞愧。孟浩然《南归阻雪》：

我行滞宛许，日夕望京豫。旷野莽茫茫，乡山在何处。

孤烟村际起，归雁天边去。积雪覆平皋，饥鹰捉寒兔。

少年弄文墨，属意在章句。十上耻还家，裵回守归路。

诗人落第还乡，伤心人看伤心景，满目萧条。苏秦谒秦王，

"书十上而说不行"，无颜回家，如今自己何尝不是这样？高适
《酬裴秀才》：

> 男儿贵得意，何必相知早。飘荡与物永，蹉跎觉年老。
> 长卿无产业，季子惭妻嫂。此事难重陈，未于众人道。

好男儿志在四方，如果功业无成，实在有负家人。当年司马
相如和苏秦穷愁之际，恰如诗人今日浪荡无业之时。苏秦"习之
于鬼谷先生，出游数岁，大困而归。兄弟嫂妹妻妾窃皆笑之，
曰：'周人之俗，治产业，力工商，逐什二以为务。今子释本而
事口舌，困不亦宜乎！'苏秦闻之而惭。"李频《秦原早望》：

> 一卷乡书荐，长安未得回。年光逐渭水，春色上秦台。
> 燕掠平芜去，人冲细雨来。东风生故里，又过几花开。

落第后，只好滞居长安。年华渐老，春光依然。想见故乡春
色依旧，人却愧难回乡。雍陶《离家后作》：

> 世上无媒似我希，一身惟有影相随。
> 出门便作焚舟计，生不成名死不归。

诗人离家时发下决绝的誓言，可以想见一旦不第，他是多么

地羞于还乡。刘得仁《省试日上崔侍郎》：

> 如病如痴二十秋，求名难得又难休。
> 回看骨肉须堪耻，一著麻衣便白头。

数十年来麻衣随身，直到头发花白仍然功名难期，回想面对亲人时的难堪，真正是虚度年华啊！崔涂《言怀》：

> 青云如不到，白首亦难归。所以沧江上，年年别钓矶。

功名无成，只能年年无休止地奔波。罗邺《落第东归》：

> 年年春色独怀羞，强向东归懒举头。
> 莫道还家便容易，人间多少事堪愁。

春天本是充满希望的季节，可对于落第者来说，却是怀羞的时节，更是愧对家人的难堪时候。方干《中路寄喻凫先辈》：

> 求名如未遂，白首亦难归。送我尊前酒，典君身上衣。
> 寒芜随楚尽，落叶渡淮稀。莫叹干时晚，前心岂便非。

诗人直言功名未就则还乡难期，哪怕青春耗尽也在所不惜。

方干是这样说的，也是这样做的，他求第难遂，越老而弥坚。只是他貌丑唇缺，无缘及第。听闻此因后，他才万般无奈地归隐而去。

唐时举子出身寒素之家者居多，这些寒素者一般是中小地主或自耕农，有少量土地，有的人家还有奴仆。这些人家属于平民阶层，但还不是社会的最底层。比平民阶层更低层次的则是兵、部曲等半自由民和奴婢、门客等非自由民，这些最底层的人家是供不起读书人的。所以说，没有家庭的前期投入，一个孩童从进入学堂到走进科场这十余年的过程是难以完成的。如皮日休《三羞诗》记其自家情形：

> 粤吾何为人，数亩清溪湄。一写落第文，一家欢复嬉。
> 朝食有麦馈，晨起有布衣。一身既饱暖，一家无怨咨。
> 家虽有畎亩，手不秉镃基。岁虽有札瘥，庖不废晨炊。

家中有田数亩，吃穿无忧，虽科场不顺，但也无大碍，生老病死之事，也都能应对下来。同组诗又言"家不出军租，身不识部曲"，是典型的自由民。当然自由民只是身份自由，并非富贵人家，辛苦的劳作是免不了的。《鲁望昨以五百言见贻，过有褒美。内揣庸陋，弥增愧悚。因成一千言，上述吾唐文物之盛，次叙相得之欢，亦迭和之微旨也》道：

> 粤予何为者，生自江海壖。骎骎自总角，不甘耕一廛。
>
> 诸昆指仓库，谓我死道边。何为不力农，稽古真可嗤。

　　诗人自小就不甘心务农而有志于科场，招致兄长们的痛骂。也不能全怪兄弟们的绝情，对于经年应举却一无所成还要家庭长期供养的男子，面对这种情况，脸皮再厚想必也会难为情的。杜荀鹤家的情况与皮日休有些相似。家里卖地供其读书，《书斋即事》道："卖却屋边三亩地，添成窗下一床书"，代价不低。所以一旦不能登第为官，确实愧对那些为其做出牺牲的兄弟。《行次荥阳却寄诸弟》：

> 难把归书说远情，奉亲多阙拙为兄。
> 早知寸禄荣家晚，悔不深山共汝耕。
> 枕上算程关月落，帽前搜景岳云生。
> 如今已作长安计，只得辛勤取一名。

　　眼看到家却两手空空，一第无成。虽然后悔，但开弓哪有回头箭，只能对不起在家劳作的弟弟们了。

敦煌莫高窟雨中耕作图

三

夫贵妻荣。亲人之中,父母的期待并不会给落第者增加太多的压力,因为那是一种仁慈、宽容而又无私的爱。妻子则不然,多年的操劳和付出,如果换不来丈夫的荣华富贵,心理上的不适,是落第者无颜面对之沉重。《唐摭言》载公乘亿三十举不第,乡人传其已病死。妻子千里迢迢自河北老家来迎丧,二人路途相遇。夫妻已十几年未见,妻只觉眼熟,不敢相认,只是请人间接探问,果然是那个狠心的冤家。相拥而泣后,幸亏当年登第,才算是忧中有喜的一幕。《太平广记》载陈季卿,十年无成,流落京城,卖文为生。遇一僧施法,送其返乡。家人相迎,题诗于斋:

立向江亭满目愁，十年前事信悠悠。

田园已逐浮云散，乡里半随逝水流。

川上莫逢诸钓叟，浦边难得旧沙鸥。

不缘齿发未迟暮，吟对远山堪白头。

　　面对虚幻般的家人，物是人非的沧桑之变令其求第之心难收，对功名的牵挂仍让他不得不继续看淡亲情。别妻时，他吟诗道：

月斜寒露白，此夕去留心。酒至添愁饭，诗成和泪吟。

离歌栖凤管，别鹤怨瑶琴。明夜相思处，秋风吹半衾。

　　意谓自己矛盾的选择，无法两全。只好愧对妻子，一如既往地踏上求第之路。叹命途多舛，羡他人成名，哪怕惆怅惭愧，求取功名之事也是欲罢不能。走后，亲人恸哭，皆以为他是鬼物。陈季卿事，是千千万万个落第举子的缩影，是他们面对亲人之际融合了羞愧和无奈的人生至痛。

　　赵嘏漂泊应举，常年让妻子留守家乡。《别麻氏》：

晓哭呜呜动四邻，于君我作负心人。

出门便作东西水，回首初惊枕席尘。

満眼泪珠和语咽，旧窗风月更谁亲。

分离况值花时节，从此东风不似春。

　　尽管妻子哭声震天，诗人虽自责不已，仍决绝赴京应试。往日的恩爱再难回首，哪怕是春天来临，也再难感受到人间的温暖。羞愧之情，只要未能及第，何谈补偿？特别是妻子操劳而逝，遗恨更是无法挽回。《悼亡二首》：

一烛从风到奈何，二年衾枕逐流波。

虽知不得公然泪，时泣阑干恨更多。

明月萧萧海上风，君归泉路我飘蓬。

门前虽有如花貌，争奈如花心不同。

　　这才是人间至痛！欲荣妻而妻已逝，徒留多少遗恨在风中！
　　赴举别妻，妻子的牵挂不仅是对夫妻恩爱的不舍，更是面对独立承担繁重家务局面的不适。彭伉《寄妻》：

莫讶相如献赋迟，锦书谁道泪沾衣。

不须化作山头石，待我堂前折桂枝。

　　用成名及时，折桂可期来安慰妻子。后来彭伉果然及第，成为宜春第一位登第者。《唐摭言》于此处又记湛贲事。湛为彭之连襟，时为县吏。宴开，皆官人名士。湛至，彭命其饭于后阁，湛并无为难之色。妻不忿，责之：男子不能自我奋斗，受此羞辱，还有什么脸面在这里丢人现眼！受此激励，湛贲立志向学，五年后得登高第，彭伉听闻，掉下驴来。至今，当地有"湛郎桥"以纪其事。清人有好事者作《湛郎怀古》诗，叹曰："城之东，袁之阳，宿昔有桥名湛郎。问郎何以桥不朽？当年郡吏非寻常。连襟彭伉题名早，广罗名士坐中堂。怜郎阁后无兼味，侧耳笙歌竟如沸。譬若神驹伏枥鸣，伯乐不能吐其气。倏忽旋空冀北群，变吏为儒刚且毅。坐间名士尽茫然，阁后书生宫锦衣。嗟哉彭伉意何如？闻之失声反坠驴。贫时相识不相好，富贵崇朝惊绝倒。君不见，仰山翠耸与天邻，秀水滩高锦浪频。云物卷舒无定态，胡为胆落水之滨？呜呼，水滨久乏坠驴客，我过此桥空太息！"

妻子的激励既是压力，也是动力，就看落第者能够如何调适自己的心态，以最佳状态应试以有所成，不负妻子的期盼。《南部新书》载杜羔事。杜妻柳氏，善于作诗。羔屡举不第，快至家时，妻提前寄诗道：

> 良人的的有奇才，何事年年被放回。
> 如今妾面羞君面，君到来时近夜来。

羔见诗，羞于回家而折返京城。登第后，妻又寄一诗：

长安此去无多地，郁郁葱葱佳气浮。

良人得意正年少，今夜醉眠何处楼？

一拒归，一盼归，差别正在于及第与否。或许今人看到的是妻子的势利和无情，可在前人眼中，正是妻子的激将引起丈夫的羞愧，才使得科考之事有了好的结果。

四

落第者的痛苦不仅是面对亲人的羞惭，就是面对家中的仆从，也难免有些难堪。这些仆从，长年跟随自己应试，他们辛苦的付出，有时还真不是仅由主人支付一些工钱就能打发得了的。

富家子弟应举者常常配有仆人，而贫穷举子也多雇有仆人，这一时还真不好理解。其实，贫穷只是一个相对的概念，相比于大户人家求仕子弟，唐代参加科举者大多贫困；但相对于那些连书都读不起的底层贫民，这些应举者无疑是地方上的小康人家。此外，历来人们忽视的一个因素是：唐时并无今日发达的金融机构和信贷类业务，钱财主要是金银或铜钱，分量较重，宋代出现的纸钞交子在唐时还没有发明，所以携带多了自然不便且不安全。这样，应试者便会因所需钱财一时未能带足而造成旅居他乡时的暂时贫困；同时为了专心应举，雇请仆人照料生活起居、担负行李、处理杂务确实能够省却大量精力。如孙樵屡称其贫，《骂僮志》言其在京城"饥不饱菜，寒无袭衣"，可所骂的僮仆竟有两人！唐人僮仆有的是家僮，可能不需要支付劳务费，但其他食宿等开支也是要的；有的是雇佣来的，劳务和食宿开支更是成倍增加。这些仆人有的并不仅限于赚取一点劳务费那么简单，还会有更多的希求。孙樵九举不第后困居京城，两个僮仆趁主人睡着后抱怨"此皆自掇，何怨于时。浪死无成，孰与归耕"，怪责其不知权变，非要一条道走到黑，万一死在他乡，连回去务农都来不及。语中明显有离开主人逃归之意，好在被孙樵及时听到才没付诸行动。赵嘏就没那么好运了，《歙州道路中仆逃》：

> 去跳风雨几奔波，曾共辛勤奈若何。
> 莫遣穷归不知处，秋山重叠戍旗多。

求名不成，仆人等不及回乡，直接在路上就逃走不干了。诗人担心其被抓了壮丁或死于战乱，还是希望其能回来相伴。可见这些仆人受雇后，希望主人金榜题名，也能关照到自己一二。一看主人功名难成，自然不屑长期苦随，这也间接加深了主人落第后的羞惭之感。韦庄求名多年不得，为了让仆人安心伺候，只好不断地加以安抚，《仆者杨金》："努力且为田舍客，他年为尔觅金鱼。"《女仆阿旺》："他年待我门如市，报尔千金与万金。"看来韦庄家里仆人还不止一人，要满足这些承诺，还真有点够呛。

五

落第者的痛苦，还在于面对他人时的尴尬。这些人中，首先便是那些刚刚及第的幸运儿，落第者在与他们过往时，会感到非常直接的刺激和羞惭。孟郊的好朋友李观登第，有《赠李观》：

> 谁言形影亲，灯灭影去身。谁言鱼水欢，水竭鱼枯鳞。
> 昔为同恨客，今为独笑人。舍予在泥辙，飘迹在云津。
> 卧木易成蠹，弃花难再春。何言对芳景，愁望极萧晨。
> 埋剑谁识气，匣弦日生尘。愿君语高风，为我语苍旻。

乍一看，老孟真有点煞风景。好友登第，应说点喜庆的话才好啊，没想到他深受刺激，全是在抒写自己失落之情，似乎好朋友之间应该同进退才是。不过作为好友，想来李观也不会计较太多，或许还会如诗末所言为其延誉一二。许浑《送杨发东归》：

> 红花半落燕于飞，同客长安今独归。
> 一纸乡书报兄弟，还家羞著别时衣。

同为长安羁旅客，一人衣锦还乡，一人羞于同归，相送时还得强颜欢笑，内心的苦楚可想而知。陈羽《送友人及第归江东》：

> 五陵春色泛花枝，心醉花前远别离。
>
> 落羽耻为关右客，成名空羡里中儿。
>
> 都门雨歇愁分处，山店灯残梦到时。
>
> 家住洞庭多钓伴，因来相贺话相思。

　　成名者的荣耀，友人及第后还乡，这一切都让滞居长安的落第诗人备受刺激。友人回乡后庆贺者或许会想起还在京城苦读的诗人，那该是多么让人欣慰而又羞惭啊！

　　正因为下第者有可能面临的尴尬，给他们送行时才更应多作安慰语。王维《送綦毋潜落第还乡》：

> 圣代无隐者，英灵尽来归。遂令东山客，不得顾采薇。
>
> 既至君门远，孰云吾道非。江淮度寒食，京洛缝春衣。
>
> 置酒临长道，同心与我违。行当浮桂棹，未几拂荆扉。
>
> 远树带行客，孤村当落晖。吾谋适不用，勿谓知音稀。

　　诗人劝慰适当，不作牢骚语，而是肯定时代，展示前景，给人鼓励和温暖。这对那些本就因落第而羞愧者来说，无疑是一针强心剂。

　　当然，安慰他人，自然要结合时代氛围。王维处于盛唐，世风昂扬向上，士人出路尚多，故多作希望语。中唐以后，如果还不切实际地大言机会良多，只会让人更为难堪。如李昌符《下第后蒙侍郎示意指于新先辈宣恩感谢》：

才薄命如此，自嗟兼自疑。遭逢好交日，黜落至公时。

倚玉甘无路，穿杨却未期。更惭君侍坐，问许可言诗。

落第后，诗人由人指点，去新科进士处走动，寻找机会以加强联系。别人出自好心，只是诗人自惭形秽，将这种接近比作当年魏明帝让皇后之弟毛曾与玉树临风的夏侯玄共座，被时人笑谓"蒹葭倚玉树"，即不相匹配之意。这种羞惭，有时确实不足为外人道，但当事人一旦看得很重，便很难消解。相似心情的还有李山甫，《下第卧疾卢员外召游曲江》：

眼前何事不伤神，忍向江头更弄春。

桂树既能欺贱子，杏花争肯采闲人。

麻衣未掉浑身雪，皂盖难遮满面尘。

珍重列星相借问，嵇康慵病也天真。

成功者可能觉得下第并不是什么大不了的事，何况曲江本就是个公共性质的大公园。可对于落第者来说，真有点哪壶不开提哪壶的意味，因为那里不仅有让人敏感的杏花，更有让人羡慕甚或嫉妒的及第者，他们科考前可是与自己一样的处境，现在却是天壤之别！这种尴尬，一般人还真没有那么大的勇气去面对。与其如此，又有什么必要去凑那份热闹呢？婉拒的最好理由，莫过于"卧疾"二字了。再如宜春卢肇，寒素出身，而乡人黄颇，家富于财。二人同程进京应试，当地太守设宴饯黄而弃卢。翌年卢受赏于李德裕，中状元归乡，太守始宴之，赋诗曰："向道是龙刚不信，果然衔得锦标归。"黄颇则多年不第，后见到卢所题字处，每每唾之。这种基于羞惭而产生的狭隘心理，在落第者那里其实是很常见的。

其次是面对那些对自己科考有过帮助的人，更有负疚之感。赵嘏《献淮南李仆射》：

> 早年曾谒富民侯，今日难甘失鹄羞。
>
> 新诺似山无力负，旧恩如水满身流。
>
> 马嘶红叶萧萧晚，日照长江滟滟秋。
>
> 功德万重知不惜，一言抛得百生愁。

富民侯指的是汉时良相车千秋，这里指会昌宰相李德裕。赵嘏早年曾得到李之恩惠，如今功名未成，又来求荐，实在有些羞愧，但为了个人前程，只好再次厚着脸皮投诗干谒。

还有是面对一些"熟悉的陌生人"，如岑参《戏题关门》：

> 来亦一布衣，去亦一布衣。羞见关城吏，还从旧路归。

诗人并不认识关城吏，为何羞见？原来诗人自比后汉人郭丹，郭入函谷关至京城求仕时，发誓"不乘使者车，终不出关"，后得高官回乡。如今诗人出入关隘，却功业无成，对照郭丹的成就，自然有些羞赧。张祜《感归》：

> 行却江南路几千，归来不把一文钱。
> 乡人笑我穷寒鬼，还似襄阳孟浩然。

张祜曾受知于令狐楚，楚荐于朝，适逢元稹当朝，遭斥回。孟浩然年四十游京师而难仕，恰似自己今日之落拓，被人嘲笑贫寒吝啬之时，肯定是有些窘迫的。罗隐《赠妓云英》：

> 钟陵醉别十余春，重见云英掌上身。
> 我未成名君未嫁，可能俱是不如人。

据《鉴诫录》载，罗隐年轻时赴举，在钟陵（今江西南昌）与一妓云英同席。十余年后，罗下第再经钟陵，又见云英。妓拍掌惊道：罗秀才，想不到你还未脱掉麻衣啊！被一妓女嘲笑，罗隐极感羞耻，遂写此诗回答。妓未从良，士未入仕，俱属人生失意。不过罗之反应，还是敏感了些。

不第还会影响恋人间的感情，这主要体现在举子与歌伎之间。唐时妓女并非全操皮肉生涯，一些才色兼绝者往往矜持得很，待价而沽，若遇合意举子，为将来从良计，多会付出真情，演绎出一曲曲才子佳人式的悲剧。如妓杨莱儿，《北里志》载其与举子赵光远相恋，且自认赵郎才高，处处夸口。谁料赵未第，有人作诗嘲之：

> 尽道莱儿口可凭，一冬夸婿好声名。
>
> 适来安远门前见，光远何曾解一鸣。

弄得杨莱儿非常郁闷，与赵郎的感情也就日淡了。从赵光远一方来看，这无疑会增添其落第尴尬之感。

六

唐时长安，人口超百万，为当时世界第一大都市。世界各民族在此融合交汇，也为长安城内的传统节日增添了无限光辉。居京的落第者身当其中，能不能融入其中，暂时抛开心中的痛苦，分享一些普通人的幸福快乐？还是他人的繁华反倒更为加重了其内心的苦涩？

寒食和清明相连，为唐代官定假日。当城中人流涌动，万家出游时，落第的朱湾只能寄居旅舍，孤苦伶仃。《逼寒节寄崔七》：

闲庭只是长莓苔，三径曾无车马来。

旅馆尚愁寒食火，羁心懒向不然灰。

门前下客虽弹铗，溪畔穷鱼且曝腮。

他日趋庭应问礼，须言陋巷有颜回。

诗人自比颜回，愁坐房中，失意之极，渴望友人有机会像当年孟尝君关照冯谖那样及时，而不至于使自己如一条枯鱼一样活活渴死。钱起同此，《下第题长安客舍》：

不遂青云望，愁看黄鸟飞。梨花度寒食，客子未春衣。

世事随时变，交情与我违。空馀主人柳，相见却依依。

诗人愁坐客舍之中，春寒料峭而衣单影薄。世事变幻，人情淡薄，唯有春柳依人，还能带给下第人一丝安慰。韩偓枯坐房中，热闹的寒食节似与其毫不相干。《避地寒食》：

避地淹留已自悲，况逢寒食欲沾衣。

浓春孤馆人愁坐，斜日空园花乱飞。

路远渐忧知己少，时危又与赏心违。

一名所系无穷事，争敢当年便息机。

诗人独坐静思，外面的繁华与其无缘。他一心所系的，仍是成名之事，这样的心情，哪里还有赏玩之趣？

唐代寒食蹴鞠

枯坐无益，出去看看热闹如何？胡曾《寒食都门作》：

> 二年寒食住京华，寓目春风万万家。
>
> 金络马衔原上草，玉颜人折路傍花。
>
> 轩车竟出红尘合，冠盖争回白日斜。
>
> 谁念都门两行泪，故园寥落在长沙。

诗人两年京居，佳节难耐，至城门口道旁观人。京中繁华，高门大户集体出游。宝马香车，美人如玉。从早到晚，川流不息，又有谁注意到这位异乡落第的举子流下的泪水呢？早知如此，还不如不去，免得悲上添悲。顾非熊亦是如此，《长安清明言怀》：

> 明时帝里遇清明，还逐游人出禁城。
>
> 九陌芳菲莺自啭，万家车马雨初晴。
>
> 客中下第逢今日，愁里看花厌此生。
>
> 春色来年谁是主，不堪憔悴更无成。

诗人随众游赏，面对姹紫嫣红的春色，不仅未换来好的心情，反而更加伤痛自己的境况，并寄望明年。

憔悴人对芳菲节，伤心难过，免不了思念故乡。赵嘏《东望》：

> 楚江横在草堂前，杨柳洲边载酒船。
>
> 两见梨花归不得，每逢寒食一潸然。
>
> 斜阳映阁山当寺，微绿含风月满川。
>
> 同郡故人攀桂尽，把诗吟向泬寥天。

春天到了，长安城里杏花艳红，让人伤心；多想回到故乡看看那雪白的梨花啊，它应该不会像京城的杏花那样势利吧？可同来的故人都纷纷得第回乡了，我只有吟尽诗歌向长天，希望上苍能让我一抒郁结之气！

或许是刚刚经历落第的打击，寒食、清明节的痛苦最为锥心。如果居京过夏，春去秋来，中秋这一阖家团圆的时节，会再次刺激落第者那颗颤动的心。唐彦谦《八月十六日夜月》：

> 断肠佳赏固难期，昨夜销魂更不疑。
> 丹桂影空蟾有露，绿槐阴在鹊无枝。
> 赖将吟咏聊惆怅，早是疏顽耐别离。
> 堪恨贾生曾恸哭，不缘清景为忧时。

诗人回想中秋夜肠断销魂之情，十余年的光景就这样在别离中渐渐消尽，到此时仍是两手空空，只能如贾谊般痛哭流涕。许昼《中秋月》：

> 应是蟾宫别有情，每逢秋半倍澄清。
> 清光不向此中见，白发争教何处生。
> 闲地占将真可惜，幽窗分得始为明。
> 殷勤好长来年桂，莫遣平人道不平。

人间无爱，月宫有情，一到中秋，清光分明。只是这清光啊，催白了多少人间青丝，但只要来年公道仍在，我也心甘情愿！登第之望，强烈而急切！

除夕是一年最后的一夜，也是人们最为看重的节日，居京的落第者会有怎样的感受？欧阳詹《除夜长安客舍》：

十上书仍寝，如流岁又迁。望家思献寿，算甲恨长年。
虚牖传寒柝，孤灯照绝编。谁应问穷辙，泣尽更潸然。

　　诗人来自闽地，家乡遥远，只能年年居京应试。十年光景，思念亲人，可为了成名，除夕夜仍寒窗苦读。思前想后，不尽潸然泪下。另两位来自闽地的诗人亦同此情怀。黄滔《旅怀》：

雪貌潜凋雪发生，故园魂断弟兼兄。
十年除夜在孤馆，万里一身求大名。
空有新诗高华岳，已无丹恳出秦城。
侯门莫问曾游处，槐柳影中肝胆倾。

　　年华渐逝，弟兼兄劳。可十年居京，仍一无所成。诗写得再好，也未能及第。四处干谒求人，身心已是疲惫不堪。徐夤《忆长安上省年》：

忽忆关中逐计车，历坊骑马信空虚。
三秋病起见新雁，八月夜长思旧居。
宗伯帐前曾献赋，相君门下再投书。
如今说著犹堪泣，两宿都堂过岁除。

　　诗人历经磨难，奔走权门，仍是一无所获。万家团圆的除夕夜，带给他的只有无尽的泪水，还有看不到头的心灵折磨。

七

落第者心中的苦涩，不仅在节日时的短暂触痛，还缘于他们脆弱而敏感的心灵。他们见花流泪，对月伤怀，似乎人间至苦事，都被他这个天下最苦人遇上了，从而感到无比伤心。每当金秋时节，槐花盛开，落蕊满地，本是一派美景，但在落第者眼中，却如惊弓之鸟，因为这意味着又一次命运判决的来临。郑谷《槐花》：

> 毵毵金蕊扑晴空，举子魂惊落照中。
> 今日老郎犹有恨，昔年相虐十秋风。

十余年不第的郑谷，几乎形成了条件反射般见到秋槐而心惊。有的举子哪怕是及第后，也还是难以忘怀这一人生痛事。杜荀鹤《离家》：

> 丈夫三十身如此，疲马离乡懒着鞭。
> 槐柳路长愁杀我，一枝蝉到一枝蝉。

拖着疲惫的身心，走在漫长的槐柳大道上。树上一声紧跟一声的蝉声，逼催着行人走向那让人爱恨交织的长安城。李中《夕阳》：

影未沉山水面红，遥天雨过促征鸿。

销魂举子不回首，闲照槐花驿路中。

　　雨过天晴，夕阳西下，殊是美丽。可如此美景，都难得让奔走在名利路上的举子们稍作驻留，只落下斜阳槐花，无语静默。举子们匆忙的脚步，正因为试期日近，正如韦庄《宿泊孟津寄三堂友人》所谓“解缆西征未有期，槐花又逼桂花时”。即使及第后的举子，一想到当年此时疲于奔命情形，也不禁感慨万端。翁承赞《题槐花》：

雨中妆点望中黄，勾引蝉声送夕阳。

忆昔当年随计吏，马蹄终日为君忙。

槐花

春榜放时，杏花盛开，所以杏花一直被当作及第之花。郑谷《曲江红杏》：

> 遮莫江头柳色遮，日浓莺睡一枝斜。
> 女郎折得殷勤看，道是春风及第花。

徐夤在《长安即事》中亦有"更无名籍强金榜，岂有花枝胜杏园"语，正因为杏花被赋予了这项特别的意义，在落第者眼中，它是那样地令人难堪。郑谷想到好友顾云落第凄凉，在《同志顾云下第出京偶有寄勉》中有"乡连南渡思菰米，泪滴东风避杏花"语。温庭筠《春日将欲东归，寄新及第苗绅先辈》：

> 几年辛苦与君同，得丧悲欢尽是空。
> 犹喜故人先折桂，自怜羁客尚飘蓬。
> 三春月照千山道，十日花开一夜风。
> 知有杏园无路入，马前惆怅满枝红。

春日来临，园内一夜间杏花盛开，艳红无比。可惜作为落第之人，哪有资格走马入内，只能远听他人欢笑之声。这也恰如张蠙《下第述怀》所言："十载长安迹未安，杏花还是看人看。"吴融《渡淮作》：

红杏花时辞汉苑，黄梅雨里上淮船。

雨迎花送长如此，辜负东风十四年。

长安的杏花无比娇艳，诗人却只能失意东归。岁岁年年的奔波之中，光阴似箭，转眼就这样过了十四年！又《途中见杏花》：

一枝红艳出墙头，墙外行人正独愁。

长得看来犹有恨，可堪逢处更难留。

林空色暝莺先到，春浅香寒蝶未游。

更忆帝乡千万树，澹烟笼日暗神州。

长安的杏花本就令人心碎，途中偶见的杏花也令其伤怀。美景当前，无心欣赏，长安城中那些灰色的日子，再一次萦绕在脑海，不禁令人黯然神伤。李频《述怀》：

望月疑无得桂缘，春天又待到秋天。

杏花开与槐花落，愁去愁来过几年。

失意的情绪如同疯长的春草，更行更远还更生。在岁月流光里，花开花落。青春渐渐远去，只留下落第者苍凉的背影，还有他们痛苦的心声。

第二节　怨恨

痛定思痛，人之常情。痛苦是必然的，但相对来说也是短暂的。好了，不哭了，平静下来，想一想，为什么落第的是我？为什么努力了却未能得到相应的回报？这些郁结在心头的疑问，总会引起他们的委屈和怨恨。

一

科场不公，为举子切齿之事，而这往往又是在很多情况下客观存在的。科举制度不成熟并不是导致不公的必然因素，人为的操作才是不公的渊薮，也是主要的怨恨对象。《唐摭言》载盛唐王泠然事。王落第后，曾指斥道："仆窃谓今之得举者，不以亲，则以势；不以贿，则以交；未必能鸣鼓四科，而裹粮三道。其不得举者，无媒无党，有行有才，处卑位之间，仄陋之下，吞声饮气，何足算哉！"认为得举者全无真才实学，要么依亲戚，要么仗权势，要么凭行贿，要么靠交情，没有一个是正大光明登第的。儒家所崇尚的德行、言语、政事、文学四科，如果公开品评，这些得举者未必符合；靠自己努力，带着干粮考上三天的也少见。落第的虽品行才华俱佳，却无人援手，处在社会底层，还要忍气吞声，要上哪里说理去！话虽说得有一点偏激，却也能大致反映唐代科举不公一面之实情。落第的怨恨需要发泄，作诗也就成了必然的选择。

　　落第之初，怨恨的矛头首先指向的当然是主考官。李商隐
《破镜》：

<blockquote>
玉匣清光不复持，菱花散乱月轮亏。
秦台一照山鸡后，便是孤鸾罢舞时。
</blockquote>

　　考官如判官，自应明镜高悬，主持公道。镜已破，喻公道阙
失，取人不当。山鸡喻指登第后张狂的庸才，出自《异苑》。说
的是曹魏时南方贡献山鸡至京城，喜临水而舞。有人建议在鸡前
放一大镜，鸡遂舞蹈不止，累死。鸾鸟喻指怀才不遇的英才，出
自《鸾鸟诗序》。说的是古人得一鸾鸟，很是喜爱，配以豪华衣
食，想让它鸣叫而不得。听其夫人建议，用一镜照之，鸟一见则
悲鸣不止，直至气绝。以此喻考官胡乱用镜，导致人才遭弃的悲
痛结局。

唐代双鸾镜

唐代科举主考官徇私舞弊事时有发生，落第者的怨恨和指责并非全是无中生有。乾符时，高湘自长沙入京主试，携一举子邵安石，邵中第后，舆论哗然，章碣作《东都望幸》：

懒修珠翠上高台，眉目连娟恨不开。

纵使东巡也无益，君王自领美人来。

以美人望幸无成比举子失意之态，恼怒而又无奈。但对大多落第者来说，考官有无不公，实难抓到什么把柄，只能凭感觉泄怨。如罗隐累举不第，在《投湖南王大夫启》中曾诉道："一枝仙桂，尝欲觊觎，十年恸哭于秦庭，八举摧风于宋野。"《逼试投所知》："十年此地频偷眼，二月春风最断肠。"《丁亥岁作》：

> 病想医门渴望梅，十年心地仅成灰。
>
> 早知世事长如此，自是孤寒不合来。
>
> 谷畔气浓高蔽日，蛰边声暖乍闻雷。
>
> 满城桃李君看取，一一还从旧处开。

诗人落第后困居长安，听到房外贺人及第的热闹如同惊雷一样刺耳。伤感自己孤寒身份外，更多的还是对考官择人之愤恨：这么多人才可供选择，您却还是徇私枉法，只垂顾那些早就打通关节之人！其《东归》诗云："仙桂高高似有神，貂裘敝尽取无因。难将白发期公道，不觉丹枝属别人。"同样是对考官不公的指责。一位名叫裴筠的举子订婚于权要萧楚公女后不久，便擢进士第。罗隐有诗刺之，曰："细看月轮还有意，信知青桂近嫦娥。"直言因婚姻得第之丑恶。因为科第不顺，罗隐在诗文中颇多怨语，使得当朝官员们对其极力排斥。《唐诗纪事》载，昭宗爱其才，欲录罗隐，为大臣以其语多讥刺阻，并举《华清诗》："楼殿层层佳气多，开元时节好笙歌。也知道德胜尧舜，争奈杨妃解笑何。"此诗讽刺了先祖玄宗，昭宗也就不好再坚持了。

如罗隐孤寒者尚有多人，一样无权势可倚，无要媒可资。他们慨叹自己悲凉的命运，如邵谒《自叹》："我命独如何，憔悴长如一。白日九衢中，幽独暗如漆。流泉有枯时，穷贱无尽日。"

唐无名子诗曰:

> 传闻天子访沉沦,万里怀书西入秦。
>
> 早知不用无媒客,恨别江南杨柳春。

本以为天子选人的科考,哪知看重的不是才学,而是关节!早知如此,何必当初!秦韬玉《贫女》虽饱含个人遭际和痛悔,但还是指出了科场关节对普通举子心理产生的负面影响:

> 蓬门未识绮罗香,拟托良媒益自伤。
>
> 谁爱风流高格调,共怜时世俭梳妆。
>
> 敢将十指夸偏巧,不把双眉斗画长。
>
> 苦恨年年压金线,为他人作嫁衣裳。

诗人以贫女自况,反映了寒素举子对极为不公的科场深深的失望和怨恨。雍陶《感兴》:

> 贫女貌非丑,要须缘嫁迟。还似求名客,无媒不及时。

张碧《贫女》:

> 岂是昧容华,岂不知机织。自是生寒门,良媒不相识。

二诗亦均是借贫女作比，表达寒素者对科场关节的怨恨和无奈。

物不得其平而鸣。科场不公，看起来是个别主考官所为，其实是官员之间结成的利益共同体在起作用。权贵们不仅制造不公，还对口出怨言者加以打压，这是唐代官场常态。为了不至于引起更多怨恨，对那些出语平和的落第举子，官场上就会当作正面例子加以宣扬，如高蟾。《北梦琐言》载其诗：

> 天上碧桃和露种，日边红杏倚云栽。
> 芙蓉生在秋江上，不向春风怨未开。

此诗未显躁进怨恨意，公卿看后还算顺眼。又载胡曾诗：

> 翰苑何时休嫁女，文章早晚罢生儿。
> 上林新桂年年发，不许平人折一枝。

当权者拿高蟾、胡曾、罗隐三人诗比较一下，还是觉得高诗温和，遂让高及第。其实仔细看看高诗，也不是那么特别温和。他以碧桃、红杏喻指有关节之人，这些人近水楼台，霸占了登第先机；自己出身寒素，恰如低洼的秋江上默默无闻的芙蓉，无天时地利人和之利，春风不顾，自生自灭，命当如此，又有何怨言！而胡曾诗，由怨恨而讽刺，以反语表达自己无缘名第的愤怒，而高诗乍一看并无怨恨之词，自甘命途，故得到当权者称许。其实，读完此诗，哪里会让人感到一点点的"安分"？秋江芙蓉怨何深！高蟾另有《春》诗："天柱几条支白日，天门几扇锁明时。阳春发处无根蒂，凭仗东风分外吹。"同样是对关节之人在科场竞争中的做法进行抨击。只不过高之怨恨相较胡、罗二人要委婉隐晦一些罢了。

二

落第者所指斥的不公，确实见诸不少记载之中，其中君相的强力干预时有发生，造成一些不公现象。《登科记考》载贞元十三年（797），吕渭知举，放二十人登第。试《西掖瑞柳赋》和《龙池春草》诗，不料德宗不满赋题，登第者遂被强行落下十余人，自然引人不忿。《唐摭言》载有宰相韦保衡之弟韦保义、宰相刘邺和芳林十哲之一的秦韬玉被皇帝敕赐及第事，特别是刘邺，韦岫之贺辞似褒实贬，令其难堪："用敕代榜，由官入名；仰温树之烟，何人折桂？溯甘泉之水，独我登龙，禁门而便是龙门，圣主而永为座主。三十浮名，每年皆有；九重知己，旷代所无。"韦岫是宰相韦宙弟，韦宙与刘邺相善，虽是大肆吹捧，仍能感觉到人们对这种破坏科举公平的不满。宰相的干预体现在呈榜之时，表面看多了一道把关流程，但如果监管缺失，反倒成了宰相乘机揽权或营私之时。《唐摭言》载刘太真将放榜，先呈于宰相，一朱姓举子因与叛贼朱泚同姓而被落。《唐语林》载举子吴畦，因躲雨路遇宰相令狐绹之子滈而攀附及第。

君相的干预多在主司录人之后进行，所以说，造成不公的最直接原因还在主司身上。主司有时取人太过随意，仅凭个人好恶，没有客观统一标准。《唐语林》载贞观时，举子张昌龄、王公瑾颇有文名，主司王师旦却斥落他们。太宗问起，答："此辈诚有词华，然其体轻薄，文章浮艳，必不成令器。臣擢之，恐后生仿效，有变陛下风俗。"众人皆以为二人词采杰出，偏偏遇到这么一位古板考官。中唐郑熏主试，一举子颜标，被其误以为是颜真卿后人。为显示自己奖劝忠烈，竟将颜标录为状元。有人嘲曰："主司头脑太冬烘，错认颜标作鲁公。"这种随意性，有时也不能全怪主司本人，因为被锁于贡院之中，学识不足却又无法自由咨询他人，只好凭一己之好恶。如权德舆于贞元时知举，有《贡院对雪，以绝句代八行，奉寄崔阁老》：

寓宿春闱岁欲除，严风密雪绝双鱼。
思君独步西垣里，日日含香草诏书。

年关将至，知举者却被锁于贡院之中而无法与人通信。权德舆号称良相，知举时录人相对公正，敢于拒绝权要的请托。韩愈在《唐故相权公墓碑》赞云："荐士于公者，其言可信，不以其人布衣不用；即不可信，虽大官势人交言，一不以缀意。奏广岁所取进士、明经，在得人，不以员拘。"同为贞元时，吕渭初掌贡举，没什么经验，急得挠头，因为无法却取存留，遂作诗给自己的座主：

> 独坐贡闱里，愁多芳草生。仙翁昨日事，应见此时情。

可惜的是，吕渭虽不知如何识人，却知如何借此攀附权要，《册府元龟》就说他"结附户部侍郎、判度支裴延龄。其子操举进士，文词非工，渭擢之登第"。

主司不公有时缘于外力强致。高锴知举，颇为公道，但裴思谦就凭权阉仇士良关节，强取状元。此时此际，要求主司冒身家性命之险主持正义，确实有点强人所难。《唐语林》言中唐时，"先是牛、孔数家，凭势力，每岁主司为其所制"。但有时不公非缘于主司才学，而是有意为之，最令人痛恨。如崔瑶，《唐语林》载其"以贵要自恃，不畏外议，榜出，率皆权豪子弟"。裴坦，《旧唐书》载其知举时，"登第者三十人，有郑羲者，故户部尚书瀚之孙；裴弘馀，故相休之子；魏筜，故相扶之子；及滴，皆名臣子弟，言无实才"。《旧唐书》载王起知举前些年情况："先是贡举猥滥，势门子弟，交相酬酢。寒门俊造，十弃六七。"《北里志》载宣宗时情形："自大中皇帝好儒术，特重科第……然率多膏粱子弟，平进岁不及三数人。"诸书所载，绝非诬言，可见唐时平民子弟登第之难，科场不公有多么严重。这种状况哪怕有别头试来加以防范，即将与主司有亲属关系的应考者另派员考试，结果如何呢？柳宗元在《唐故秘书少监陈公行状》一文中道：

"初礼部试士，有与亲戚者，则附于考功，莫不阴授其旨意而为进退者。"可见只是流于形式而已。所以说不能从制度本身去寻求变革，而只是做些修修补补的工作，不过是隔靴搔痒，起不了多少作用。正因为如此，落第者的怨恨才会有增无减。

三

　　落第者的怨恨，统治者不可能不知。为了巩固统治基础，平息部分怨气，或是为了平衡权要之间的利益，统治者有时也会做做样子，选择一些人们反映突出的科场事件加以处治。长庆元年（821），钱徽知举，拒绝了宰相段文昌和翰林学士李绅的请托，却录了李宗闵子婿和杨汝士亲弟，为段等告发，诏覆试，黜落李之子婿等十人，钱徽被贬。会昌四年（844），王起知举，录取的五位权要子弟被要求覆试，结果只有监察御史杨发弟杨严一人合格。其余四人分别为刑部尚书杨汝士子杨知至、故相牛儒孺之甥源重、河东节度使崔元式婿郑朴、故相窦易直子窦缄。杨知至有《覆落后呈同年》诗，感慨这一人生遭遇：

　　　　由来梁雁与冥鸿，不合翩翩向碧空。
　　　　寒谷谩劳邹氏律，长天独遇宋都风。
　　　　此时泣玉情虽异，他日衔环事亦同。
　　　　二月春光花摇荡，无因得醉杏园中。

诗人以慢飞的梁上燕和冥中鸿难抵高空喻指自己时运之不济。邹氏律，言登第。《列子》言："虽师旷之清角，邹衍之吹律，亡以加之。"晋张湛注云："北方有地，美而寒，不生五谷，邹子吹律暖之，而禾黍滋也。"宋都风，喻落第。《春秋》言："六鹢退飞过宋都。"杜预注："鹢，水鸟，高飞遇风而退，宋人以为灾。"诗人言己虽落第，但主司恩情必报，同榜者，也都结下同年之情，只是难以与大家一同醉在杏园了。虽被斥落，怨气不大，倒是有些心平气和，反映了权要子弟落第心态与寒素者大有不同，当然也可能顾忌皇帝旨意而不敢致怨。再看，会昌五年（845），陈商知举，放三十七人及第，物议沸腾，诏翰林学士白敏中覆试，落下状元张渎等七人。赵嘏本有《喜张渎及第》："九转丹成最上仙，青天暖日踏云轩。春风贺喜无言语，排比花枝满杏园。"不料命运跟他开了个大玩笑，赵嘏只好安慰他，《赠张渎榜头被驳落》：

> 莫向春风诉酒杯，谪仙真个是仙才。
> 犹堪与世为祥瑞，曾到蓬山顶上来。

赵嘏似乎来了个"脑筋急转弯"，两诗都能贴切人事场景，丝丝入扣。这次覆试后，原为第二名的易重得为状元，真是锦上添花，《寄宜阳兄弟》："六年雁序恨分离，诏下今朝遇已知。上国皇风初喜日，御阶恩渥属身时。内庭再考称文异，圣主宣名奖艺奇。故里仙才若相问，一春攀得两重枝。"易重的喜悦，难掩张渍的失落，真正是一场游戏一场梦啊！梦还没完，乾宁二年（895），刑部尚书崔凝知举，录二十五人，昭宗见所送登第者文书不佳，疑有请托，遂命翰林学士陆扆、秘书监冯渥覆试，结果只录十五人。原状元张贻宪被落，原第八名赵观文荣登榜首。褚载《贺赵观文重试及第》：

> 一村仙桂两回春，始觉文章可致身。
>
> 已把色丝要上第，又将彩笔冠群伦。
>
> 龙泉再淬方知利，火浣重烧转更新。
>
> 今日街头看御榜，大能荣耀苦心人。

以宝剑再淬和火浣布再烧，喻指赵之才学货真价实，引人注目。只是被落之人，当初并非个个都是通过关节而进的，但只要被覆落，后来主司都会顾忌物议而不再录取，这样一棍子打死的做法，真不知是公道还是偏颇。

四

科场不公，是制度的顶层设计出了问题，如允许干谒、考试不糊名等，都是制度不成熟的体现。这样，仅靠少数君相的强力介入或依赖个别有良心的主司，或是为数不多的几次覆试，是远远解决不了根本问题的，落第者的怨恨是完全可以理解的。但需要看到的是，不公并非不堪，起码的公道维系仍然存在，否则我们也就难以理解为何会有那么多的落第者一边吟着怨恨的诗句，一边又年复一年地盼望着公道在自己身上出现了，典型者如黄滔。他在《颍川陈先生集序》中指责科场公道缺失："唐设进士科垂三百年，有司之取士也，喻之明镜，喻之平衡，未尝不以至公为之主。而得丧之际，或失于明镜，或差于平衡。何哉？俾其负不羁之才，蕴出人之行，殁身末路，抱恨泉台者多矣。"姑丈陈黯终生未第，黄滔直指科场多有不公。聪明的是，黄滔在干谒求第时，对公道赞不绝口，如《段先辈启》言"圣代近来，时风愈正。取舍先资于德行，较量次及于文章。无论于草泽山林，不计于簪裾绂冕"。称赞取士只看品行和诗文质量，且不论门第高低。《蒋先辈启》言"近时公道，则采自众称"。意谓近年所取之人，都是大家公认的才学杰出者。《与裴侍郎启》称赞这位裴主司"顷持文柄，大阐至公"，《杨侍郎启》称赞这位杨主司"荣司文柄，宏阐至公"。如果作一比较，可见黄滔对科场公平问题态度两立，似非同一人所言。其实，也真够难为他的，不同场合需说不同的话，干谒时违心的吹捧，是硬着头皮也要说的。及第后，黄滔欣喜若狂，《放榜日》：

> 吾唐取士最堪夸，仙榜标名出曙霞。
> 白马嘶风三十辔，朱门秉烛一千家。
> 郄诜联臂升天路，宣圣飞章奏日华。

岁岁人人来不得，曲江烟水杏园花。

一旦登第，马上对科场公道大唱赞歌。可见，公道与否，要看举子站在什么立场来说，落第时自然抱怨不公道，及第后却又大加称赞，而落第者数量众多，他们为此所创作的诗文相对也较多，才给唐诗阅读者对唐时科举产生了极为负面的印象。

平心而论，由于权势、门第、关节、金钱等非才学因素的影响，唐代科场并未能做到绝对公平，但总体而言并未失控，公道在一定范围内是存在的，通过科举入仕的文官阶层总体上基本能够代表唐代诗文的创作水平，这是其一。其二，唐代漫长的历史进程当中，初盛唐时社会经济发展较好，文人出路较多，落第之怨并未强烈地反映在诗文创作当中；经过安史之乱的重创，中晚唐时政府统治乏力，权阉、藩镇、党争之祸频发，对科场产生了诸多负面冲击，政府掌控的可授官员额大为减少；再加上出路变窄，文人更多地涌向科举求仕一途，无形中拉高了及第的期望值，同样也就加深了落第者的怨恨。这些问题不仅是唐代科举难以承受之重，更是历代科举都难以解决的复杂问题。

五

僧多粥少，作为局中之人，怨恨哪会很容易化解？久而久之，怨毒之心，郁结而成。罗隐《黄河》：

莫把阿胶向此倾，此中天意固难明。

解通银汉应须曲，才出昆仑便不清。

高祖誓功衣带小，仙人占斗客槎轻。

三千年后知谁在，何必劳君报太平。

诗以黄河难清、九曲婉转，喻指科场之阴暗，通往"银汉"亦即朝廷道路之艰难。又《东归别常修》：

六载辛勤九陌中，却寻归路五湖东。

名惭桂苑一枝绿，鲙忆松江两箸红。

浮世到头须适性，男儿何必尽成功。

唯惭鲍叔深知我，他日蒲帆百尺风。

诗人苦读诗书而难得一第，处处碰壁后愤然发出凄怆的呐喊！内心的怨恨几乎无以复加，但他终归吴越钱氏，一生心怀忠义。李山甫就不同了，《唐才子传》言其"咸通中累举进士不第。落魄有不羁才，须髯如戟，能为青白眼"，"为诗托讽，不得志，每狂歌痛饮，拔剑斫地，少摅郁郁之气耳"。可见李山甫不单是一落拓书生，还是一豪放不羁的游侠之士。《赴举别所知》：

腰剑囊书出户迟，壮心奇命两相疑。

麻衣尽举一双手，桂树只生三两枝。

黄祖不怜鹦鹉客，志公偏赏麒麟儿。

叔牙忧我应相痛，回首天涯寄所思。

诗谓及第竞争极大，自己性格落拓不羁，如祢衡一样不知权变，也就不能像徐陵那样乖巧惹人喜爱，又能到哪里去寻找知音呢？《下第献所知》：

十年磨镞事锋铓，始逐朱旗入战场。

四海风云难际会，一生肝胆易开张。

退飞莺谷春零落，倒卓龙门路渺茫。

今日惭知也惭命，笑馀歌罢忽凄凉。

下第后，诗人自叹命薄，惭笑凄凉，但他并未消沉下去。他一直自负才华，《兵后寻边》有"自怜长策无人问，羞戴儒冠傍塞垣""胸中纵有销兵术，欲向何门说是非"之语，可见其自认为颇有军事才干。不第的打击，令其对朝廷充满怨声，如《望思台》：

君父昏蒙死不回，谩将平地筑高台。

九层黄土是何物，销得向前冤恨来。

诗中直斥汉武帝昏庸而逼死太子刘据，即使后悔筑台长祭，此前的怨恨又如何能够消解得了？可见诗人已经充满对唐廷的怨恨且难以化解。《寓怀》：

> 万古交驰一片尘，思量名利孰如身。
> 长疑好事皆虚事，却恐闲人是贵人。
> 老逐少来终不放，辱随荣后直须匀。
> 劝君不用夸头角，梦里输赢总未真。

名利荣华，在诗人的心中不过如梦幻一样，因为这些不过是他人暂时的风景。终有一日，这些一直远离自己的东西终将来到，也只有自己才会笑到最后。这种心思，远不是普通怨恨所能解释的，很明显，一旦诗人有了机会，他会采取相应的行动夺取他一直认为也应属于自己的富贵荣华。对现实秩序不满的怨毒种子，已深植在这位多年不第者的心中，只待有机会生根发芽而酿成巨变。果不其然，他终于等到了报复的机会。李山甫当年科考主司王铎出任滑州节度使，过魏博节度使乐彦祯辖境内。其子乐从训见王铎车马美女众多，有意劫之，遂问恰好在此为幕僚的李山甫。当此关键之时，人性之恶暴露无遗，李山甫不仅没有制止狂妄的乐从训，反而加以怂恿并出谋划策。王铎一行数十人横死于高鸡泊，李山甫也终于为心中不第之怨毒找到了一个残忍的发泄口。

不第而怨者众多，毒辣如此者少见，但李山甫绝不是唯一一人。比他恶名更大的有李振，《新五代史》言其"常举进士咸通、乾符中，连不中，尤愤唐公卿，及裴枢等七人赐死白马驿，振谓太祖曰：'此辈尝自言清流，可投之河，使为浊流也。'太祖笑而从之。"李振的怨毒更胜一筹，他把仇恨的对象扩展到几乎所有朝中大臣，并鼓动朱温杀人后弃尸黄河。其恶行昭昭，为虎作伥，当时就有人称之为"鸱枭"，也就是一种叫声难听的恶鸟。除李振外，朱温幕中还有敬翔和张策两位有名的落第者。敬翔为朱温主谋，作恶多端后被李克用处死，张策则像李山甫一样找到了机会，狠狠地报复了当年的主司赵崇。《北梦琐言》载张策曾为僧人，返俗应举，赵崇为主司，不仅没有公正对待，反而批其作为衣冠子弟不应出家为僧后又希求仕进，并扬言只要是他知举，张策永远都不可能及第。无奈，张策奔朱温幕府，并趁机构陷赵崇，赵遂罹白马之祸。

李山甫、李振、张策等人的报复，好歹还是假手他人，且针对性强。黄巢就不同了，这位落第者报复，掀起的才是惊天巨浪，最终埋葬了唐王朝。他有《不第后赋菊》诗：

待到秋来九月八，我花开后百花杀。
冲天香阵透长安，满城尽带黄金甲。

这种落第后怨毒，就不再是小打小闹式的报复，而是向整个统治阶级的宣战。当然，很难将黄巢起义原因归结为不第，但不第一定是其中一大诱因，连其起义后发往天下的露布中也将"铨贡失才"当作唐政府一大罪状，在一定程度上引起了不少落第文人的共鸣。他还有《题菊花》诗：

飒飒西风满院栽，蕊寒香冷蝶难来。

他年我若为青帝，报与桃花一处开。

黄巢自比高洁而不遇的菊花，他认为只有自己成为世界的主宰，才能像其他鲜花一样享受春天的美好。这正是其怨毒心态的动因和归宿，也是其走向不归路的路引。

黄巢起义路线图

上述因不第而生发怨毒之心者，他们生当唐末，在血与火的现实中，看惯了杀戮，冰冷了心肠，长期扭曲的心态和残忍的作为稀释了儒者本应具有的悲天悯人的情怀，不甘老死幕府或寂灭无闻的一生令他们铤而走险。他们或助纣为虐，或揭竿而起，向曾经"伤害"过他们的唐政府及其官员施以狂风暴雨般的报复，最终的结果只能是两败俱伤。而处于末世的唐廷，风雨飘摇，巨大的政治经济危机尚难解决，更不可能顾及科举失当之事。这样，很容易将大量落第者推向自己的对立面，最终也加速了自身的灭亡，这种愚政恰如苏轼所言，"纵百万虎狼于山林而饥渴之，不知其将噬人"。宋人吸取教训，比如强化科举公平，增加录取名额，实行各种缓和政策，使得文人感恩戴德。有宋一朝，忠臣义士层出不穷，科举之功甚大，只恨唐人不能得见耳！

第三节　希望

痛过了，恨过了，落第者的希望又在何方？是再战文场还是归隐故山？是皈依宗教还是流落江湖？坎坷的人生十字路口上，高楼望尽，天涯凄迷！

一

得第者尽赞公道，落第者虽有怨恨，但公道毕竟出现在他人的身上，这无疑强化了他们继续努力的决心，何况若无真才实学，即使是权要子弟，也不一定就能青紫俯拾，随意登第。如高涣，礼部侍郎高锴之子，久举不第。高锴三次知举，门生众多，有人谑之曰："一百二十个蜣螂，推一个屎块不上。"意指哪怕有一百多位门生的帮忙，才学不高的高涣也还是难以及第。再如薛昭俭，是薛昭纬兄。数举不第，干谒时，权要们总是问其"贤弟早晚应举"之语，他再笨也能听出人家对他才学的蔑视，也就很识趣地知难而退了。所以说，落第不仅未能打消很多人的进取心，反而激发了他们的自信和对公道的期许。他们自我勉励，提振信心，如韩愈《出门》：

> 长安百万家，出门无所之。岂敢尚幽独，与世实参差。
> 古人虽已死，书上有其辞。开卷读且想，千载若相期。
> 出门各有道，我道方未夷。且于此中息，天命不吾欺。

虽然求仕艰难，但古往今来，俱有成名之人，眼下虽未能成功，只是好运还未到罢了，可见信心还是十足的。熊孺登《戏赠费冠卿》：

> 但恐红尘虚白首，宁论蹇逸分先后。
> 莫占莺花笑寂寥，长安春色年年有。

虽言戏赠，却是实情。长安年年放榜，总有一天会轮到我辈时来运转吧。姚合《寄杨茂卿校书》：

> 去年别君时，同宿黎阳城。黄河冻欲合，船入冰礴行。
> 君为使滑州，我来西入京。丈夫不泣别，旁人叹无情。
> 到京就省试，落籍先有名。惭辱乡荐书，忽欲自受刑。
> 还家岂无路，羞为路人轻。决心住城中，百败望一成。
> 腐草众所弃，犹能化为萤。岂我愚暗身，终久不发明。
> 所悲道路长，亲爱难合并。还如舟与车，奔走各异程。
> 耳目甚短狭，背面若聋盲。安得学白日，远见君仪形。

诗人回顾了二人的友谊，表达自己落第后再战文场的决心，最后抒写对友人的思念。韦庄《癸丑年下第献新先辈》：

> 五更残月省墙边，绛旆霓旌卓晓烟。
> 千炬火中莺出谷，一声钟后鹤冲天。
> 皆乘骏马先归去，独被羸童笑晚眠。
> 对酒暂时情豁尔，见花依旧涕潸然。
> 未酬阆泽佣书债，犹欠君平卖卜钱。
> 何事欲休休不得，来年公道似今年。

诗人看人欢笑，潸然泪下。为了应举，赊欠了租书费和问卜钱，希望登第后尽快还上。眼看又是一年空过，如何能够就此罢休？只能是寄望于明年再战。张乔《自诮》：

> 每到花时恨道穷，一生光景半成空。
> 只应抱璞非良玉，岂得年年不至公。

只有作不好的文章，哪有年年都不公道的科场？诗人的期待非常真诚，这也正是他再战文场的心理支柱。杜荀鹤《长安冬日》：

> 近腊饶风雪，闲房冻坐时。书生教到此，天意转难知。
> 吟苦猿三叫，形枯柏一枝。还应公道在，未忍与山期。

年关将近，困守愁城。读书读到这个地步，上天安排的命运到底是什么样的呢？一边吟诗一边流泪，形容枯槁似一弱枝。明年或许公道就会出现在我身上吧？怎能甘心放弃而归去故山呢！曹邺《偶怀》：

> 开目不见路，常如夜中行。最贱不自勉，中涂与谁争？
> 蓬为沙所危，还向沙上生。一年秋不熟，安得便废耕。
> 颜子命未达，亦遇时人轻。

诗人形神恍惚，苦苦思考自己的命运。如果自己都不自勉的话，又能与谁一争高下？命如飘蓬，哪有根基？可不能就此放弃啊！庄稼欠收一次也不可能就罢耕吧？当年颜回处陋巷时，人们不也轻视他么，最后不还是努力成功而垂名千古？

年年失望年年望，哪肯甘心命难通！李频《自遣》道："永拟东归把钓丝，将行忽起半心疑。青云道是不平地，还有平人上得时。"正欲放弃之时，结果还是留了下来。杜荀鹤《读友人诗》"莫以孤寒耻，孤寒达更荣"，《春日闲居即事》"饥寒是吾事，断定不归耕"，《长安春感》"公道算来终达去，更从今日望明年"。曹松《言怀》"岂能穷到老，未信无达时。此道须天付，三光岂不私"，执着无悔，诉尽落第者永不放弃的心志，他也终于在七十岁时及第。也许个人的坚守还有些孤单，他们还会抱团取暖，以至形成一些小团体，如有名的"大历十才子""咸通十哲""芳林十哲"等，借此互相鼓励，如李咸用《赠陈望尧》有"明时公道还堪信，莫遣锥锋久在囊"，《赠来鹏》有"既同和氏璧，终有玉人知"，均是鼓励友人早晚会有出头之日。方干《送喻坦之下第还江东》有"文战偶未胜，无令移壮心"，也是鼓励对方不要泄气。罗邺《落第书怀寄友人》，娓娓道来，既是劝人，亦是自劝：

> 清世谁能便陆沉，相逢休作忆山吟。
> 若教仙桂在平地，更有何人肯苦心。
> 去国汉妃还似玉，亡家石氏岂无金。
> 且安怀抱莫惆怅，瑶瑟调高尊酒深。

　　是啊，清平之世，谁甘心就此沉沦？君子出处未可限量，切莫多作隐退之语！假若丹桂易折，谁又会为之苦心？正如貌美的昭君偏偏远嫁，多金的石崇遭遇杀身，这些都是时命使然啊！我们还是安心听琴饮酒，静待时来运转吧！这种心迹，孟郊《咏怀》诗，作了很好的诠释：

　　　　浊水心易倾，明波兴初发。思逢海底人，乞取蚌中月。
　　　　此兴若未谐，此心终不歇。

　　蚌中有珠可映月华，捞月之人苦心孤诣也很难达到目的，但一旦下定决心，又怎么会中途放弃呢？

黄慎《骑驴寻诗图》

初盛唐时，在大多人眼中，登第不过是入仕的手段，但到了中晚唐，人们却将登第赋予了更多的内涵，成了文人证明自己才学和名望的重要节点。有些人苦心一生，年纪老大，入仕机会渺茫，也要屡战文场，希求一第，以体现自己的人生价值。从另一角度来看，这正是统治者所希望看到的：将士人牢牢地控制在科场之上，既能巩固统治基础，还能以最小的代价换得社会的安宁，以微弱的希望牵制住一大批社会精英，正所谓："太宗皇帝真长策，赚得英雄尽白头！"

二

谋生技能的缺乏，成了很多落第者再战文场的主要原因。他们从小就定下人生的规划和愿景，然后在科举的道路上一往无前。他们似乎从没有过一旦此路不通的打算，而是心无旁骛地以登第入仕作为人生唯一的正途。他们拥挤在狭窄的独木桥上，只顾盯着心仪的目标和前人的脚印，甚至连路边的风景也无暇顾及。可叹的是，独木桥上的人越挤越多，能够成功抵达彼岸的却少之又少。当人生的焦虑越发显得急迫时，对独木桥的坚守并由此发出的痛苦呻吟才更让人心酸。姚合《送王求》：

> 士有经世筹，自无活身策。求食道路间，劳困甚徒役。
> 我身与子同，日被饥寒迫。侧望卿相门，难入坚如石。
> 为农昧耕耘，作商迷贸易。空把书卷行，投人买罪责。

　　六月南风多，苦旱土色赤。坐家心尚焦，况乃远作家。
　　羸马出郭门，饯饮晓连夕。愿君似醉肠，莫谩生忧戚。

　　所谓"百无一用是书生"，正是落第人的写照！自视甚高，却无基本的谋生本领。农商俱陌生，只能向书行，吟出多少落第者的心声！张蠙《言怀》：

　　　　十载声沈觉自非，贱身元合衣荷衣。
　　　　岂能得路陪先达，却拟还家望少微。
　　　　战马到秋长泪落，伤禽无夜不魂飞。
　　　　平生只学穿杨箭，更向何门是见机。

　　多年不第，心伤累累。一生只学会了读书作文这一项本领，让我到哪去寻找新的生机呢？喻坦之《陈情献中丞》：

　　　　孤拙竟何营，徒希折桂名。始终谁肯荐，得失自难明。
　　　　贡乏雄文献，归无瘠土耕。沧江长发梦，紫陌久惭行。
　　　　意纵求知切，才惟惧鉴精。五言非琢玉，十载看迁莺。
　　　　取进心甘钝，伤嗟骨每惊。尘襟痕积泪，客鬓白新茎。
　　　　顾盼身堪教，吹嘘羽党生。依门情转切，荷德力须倾。
　　　　奖善犹怜贡，垂恩必不轻。从兹便提挈，云路自生荣。

诗人叹命伤时,泪湿襟衫。长年应举,家产已空,只能继续考下去。

除了苦读应举外,退一步说,哪怕想回家务农,从头做起,也不太容易了。卢纶《至德中途中书事却寄李偁》:

> 乱离无处不伤情,况复看碑对古城。
> 路绕寒山人独去,月临秋水雁空惊。
> 颜衰重喜归乡国,身贱多惭问姓名。
> 今日主人还共醉,应怜世故一儒生。

诗人家乡历乱方安,然已是物是人非,如何还能够久待下去?刘沧《下第东归途中书事》:

> 峡路谁知倦此情,往来多是半年程。
> 孤吟洛苑逢春尽,几向秦城见月明。
> 高柳断烟侵岳影,古堤斜日背滩声。
> 东归海上有馀业,牢落田园荒草平。

千里迢迢,历时半年终于回到故乡,眼前破败的一切,哪里还能让人住得下来?相同境遇的有刘商和刘驾。刘商《与于中丞》:

万顷荒林不敢看，买山容足拟求安。
田园失计全芜没，何处春风种蕙兰。

刘驾《出门》：

客从我乡来，但得邻里书。田园几换主，梦归犹荷锄。
进犹希万一，退复何所如。

此类惨状，在落第举子眼中格外伤怀，也更促使他们再次踏
上漂泊的旅程。郑谷《下第退居》：

未尝青杏出长安，豪士应疑怕牡丹。
只有退耕耕不得，茫然村落水吹残。

又《闷题》：

落第春相困，无心惜落花。荆山归不得，归得亦无家。

下第后早早避开繁华之地，可家业残破，退路已断。李频
《自江上入关》：

尽室寄沧洲，孤帆独溯流。天涯心似梦，江上雨兼秋。

文字为人弃，田园被债收。此名如不得，何处拟将休。

为了应举而借债，不得不将田园抵押出去。如果再难成名，人生真是没有出路了。

黄滔《别友人》：

已喜相逢又怨嗟，十年飘泊在京华。

大朝多事还停举，故国经荒未有家。

鸟带夕阳投远树，人冲腊雪往边沙。

梦魂空系潇湘岸，烟水茫茫芦苇花。

家业几空，何以卒岁？回乡已是过客，天涯才是故土。杜荀鹤《辞郑员外入关》：

男儿三十尚蹉跎，未遂青云一桂科。

在客易为销岁月，到家难住似经过。

帆飞楚国风涛润，马度蓝关雨雪多。

长把行藏信天道，不知天道竟如何。

匆匆一别，雨雪霏霏，又一次踏上未知的前程。罗邺《渡江有感》：

> 岸落残红锦雉飞，渡江船上夕阳微。
>
> 一枝犹负平生意，归去何曾胜不归。

功名未就，来去匆匆。再好的美景也留不住诗人重返文场之心。罗隐《江南别》：

> 去年今夜江南别，鸳鸯翅冷飞蓬蘽。
>
> 今年今夜江北边，鲤鱼肠断音书绝。
>
> 男儿心事无了时，出门上马不自知。

诗人去岁于妻子病故后赴举，今年仍然两手空空，未能告慰亡妻的一片深情。心愿还未了结，只能再次上马，继续踏上求名的征程。

对落第者的分析，后人谈及的往往是一些名人，其他终生未第的坚守者，才是沉默的大多数，也更应得到人们的关注。白居易在《送侯权秀才序》中言及秀才侯权，与白居易二十多年前曾一同应举。多年以后，白居易已仕至高位，侯秀才仍然奔波在求第的旅途之上。《太平广记》载有一书生赵瑜，应明经累举不第，至一庙内乞死。僧人问其因由，同样是退耕不得，贫病交加，生不如死，不如一了百了。此类小人物，才是落第者的主体，也是最为辛酸的一群。他们习惯了诗书生涯，再穷也觉得稍有奔头。退一步说，即使归家仍有田产，他们也不会甘心务农一生，因为长期的生活习惯，已使他们难以胜任体力劳动了。至于经商，需要本钱，又有风险；做工，既不体面，技巧也难学；实在走投无路，做一乞者如何？一是大多还没到那个地步；二是放不下架子，脸皮也就很难拉下来。进退两难时，只好硬着头皮，坚守下去，重复熟悉的人生轨迹，或许还有一线生机。

三

苦心诗书，奔竞干谒，未来真会在这些人生的努力当中大放异彩？多年的不第让人身心疲惫，命运的安排到底如何？坚守还是退隐，又该如何抉择？迷茫的人生需要有人指点，可有能力指点的人偏偏不愿指点，无能力指点的人偏偏占卜弄人！在踌躇和无奈中，落第者抠出所剩无几的铜板，忐忑地探问难料的前程。

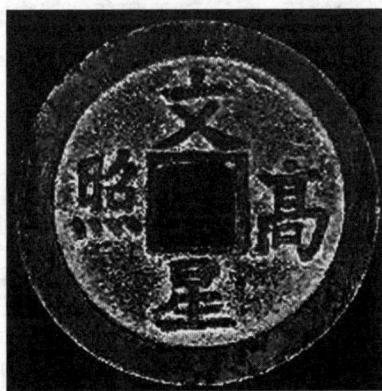

科场彩头钱

章孝标《日者》：

> 十指中央了五行，说人休咎见前生。
>
> 我来本乞真消息，却怕呵钱卦欲成。

日者，即算卜之人。算卜人用双手推算金、木、水、火、土相生相克之理，把人的吉凶祝福说得活灵活现。诗人本打算来探知真的命相，却又怕用铜钱扔出的卦象不利于己而惴惴不安。崔涂《问卜》：

> 承家望一名，几欲问君平。自小非无志，何年即有成。

严君平，汉代善卜之高士，唐人代指卜者。落第难耐，差点要去问卜了。少小就立下大志，到底何年能够得成呢？

一般认为，卜者为求生意，多会往好处说人，如柳芳，《太平广记》言其累举不第，曾宴中坐于众朝士中，为人所轻。但一卜者独看好他，谓其两年内必中第，且一众客人唯柳芳寿命官禄最好，后来果然一一应验。刘禹锡《送李策秀才还湖南，因寄幕中亲故兼简衡州吕八郎中》，是一首为举子李策所写的推荐诗，原因则在于李秀才"昨日讯灵龟，繇言利艰贞"，也就是卜卦结果是大吉，看来不帮他写推荐诗还不好意思。其实，卜者所言，不过是一种心理暗示，应验的话被人记载下来，更多没应验的话却被人选择性地遗忘了而已。有时卜者也并非全说好话，对于那些蹭蹬科场多年的落拓举子，凭卜者阅人之多，还是大致能看得出来的。此时，从事实出发，说一些泄气的话，或许更能体现卜卦的真实性。孟郊《叹命》：

> 三十年来命，唯藏一卦中。题诗怨问易，问易蒙复蒙。
> 本望文字达，今因文字穷。影孤别离月，衣破道路风。
> 归去不自息，耕耘成楚农。

　　这次算命，卜出的卦象是蒙卦。《周易》谓"困蒙"，意谓艰难，搞得老孟郊真得准备归乡务农了。当然他没有真的这样做，否则也就再没机会在长安看花了。卜者还常以人之骨相贫富论人，殷尧藩《下第东归作》就言自己"身贱自惭贫骨相，朗啸东归学钓鱼"，许棠《献独孤尚书》亦言自己"魂离为役诗篇苦，泪竭缘嗟骨相贫"，看来都不是好命相，殷一生未第，许也是到老在李频的关照下才勉强及第。卜者相面，说的最详细的当数罗隐了。《五代史补》载，罗隐久举不第，困居长安。一罗尊师善相，劝其罢举，而且说得非常实在："首冠群英，亦不过簿尉尔。若能罢举，东归霸国以求用，则必富且贵矣。"这哪里是卜者所言，完全是老朋友推心置腹之语啊！正当犹豫不决时，一卖饭老媪亦劝其如尊师所言，因为天下都知道罗隐大名，到哪里还怕没有富贵，何必困守死等一第！可谓知言，罗隐遂东归钱塘入钱镠幕，可见卜者影响之大。

四

落第再考者，多居京过夏，愿意的话，还可进入四门学就
读，只是中晚唐以后重乡贡轻两监，举子对进入官学兴趣不大，
大部分还是愿以乡贡身份取解。居京一主要任务便是准备新作以
投赠干谒或取解，是谓夏课。韩偓《夏课成感怀》：

> 别离终日心忉忉，五湖烟波归梦劳。
> 凄凉身事夏课毕，漠落生涯秋风高。
> 居世无媒多困踬，昔贤因此亦号咷。
> 谁怜愁苦多衰改，未到潘年有二毛。

诗人身居长安而频梦故乡。诗文写就，秋风渐起，又得干谒
权门，窘迫维艰。愁苦深重，容颜易老，三十来岁，已见白发。
同时，长安米贵，居大不易。淹滞京师，万般艰难。姚合《亲仁
里居》：

> 三年赁舍亲仁里，寂寞何曾似在城。
> 饮酒自缘防冷病，寻人多是为闲行。
> 轩车无路通门巷，亲友因诗道姓名。
> 自别青山归未得，羡君长听石泉声。

诗人羡人退隐，自己却三年困顿长安，一派落寞萧条光景。他减少交往，苦心诗文，以冀有成。《下第》：

> 枉为乡里举，射鹄艺浑疏。归路羞人问，春城赁舍居。
> 闭门辞杂客，开箧读生书。以此投知己，还因胜自馀。

孙樵困居长安，《寓居对》云己惨状："长安寓居，阖户讽书。悴如冻灰，腠如槁柴。志枯气索，恍恍不乐。一旦，有曾识面者，排户入室，咤骇唧唧。且曰：'惫耶饿耶，何自残耶？'则对曰：'樵天付穷骨，宜安守拙。无何提笔，入贡士列。抉文倒魄，读书烂舌。十试泽宫，十黜有司。知己日懈，朋徒分离。矧远来关东，囊装锁空。一入长安，十年屡穷。长日猛赤，饿肠火迫。满眼花黑，晡西方食。暮雪严冽，入夜断骨。穴衾败褐，到晓方活。'"这种穷饿惨状，几乎命都难保，还要苦读诗书，写就夏课，谈何容易？成名代价，不可谓不大！曹邺在长安时，也是一言难尽。《下第寄知己》：

> 长安孟春至，枯树花亦发。忧人此时心，冷若松上雪。
> 自知才不堪，岂敢频泣血。所痛无罪者，明时屡遭刖。
> 故山秋草多，一卷成古辙。夜来远心起，梦见潇湘月。
> 大贤冠盖高，何事怜屑屑。不令伤弓鸟，日暮飞向越。
> 闻知感激语，胸中如有物。举头望青天，白日头上没。

归来通济里，开户山鼠出。中庭广寂寥，但见薇与蕨。

无虑数尺躯，委作泉下骨。唯愁揽清镜，不见昨日发。

愿怜闺中女，晚嫁唯守节。勿惜四座言，女巧难自说。

　　诗人借投赠之机，向权要者诉说自己困居长安的苦闷和希冀。特别是糟糕的赁居环境和沉重的心情，都给人一种郁塞压抑之感，读后令人久久难以释怀。

　　数年不第，为免旅途开支，有些举子干脆多年滞留长安，春花秋月，夏去冬来，年年失望年年望，忧愁困厄过半生。韦庄《冬日长安感志寄献虢州崔郎中二十韵》：

帝里无成久滞淹，别家三度见新蟾。

郄诜丹桂无人指，阮籍青襟有泪沾。

溪上却思云满屋，镜中惟怕雪生髯。

病如原宪谁能疗，寒似刘桢岂用占。

雾雨十年同隐遁，风雷何日振沉潜？

吁嗟每被更声引，歌咏还因酒思添。

客舍正甘愁寂寂，郡楼遥想醉恹恹。……

　　原诗稍长，这里选取写长安困居一段分析。诗人淹留长安三年，功业无成。郄诜，《晋书》载其朝堂对策上等，拜议郎。武帝于东堂会送，问其自以为何如，对以"臣举贤良对策，为天下第一，犹桂林之一枝，昆山之片玉"。唐人遂以登科为折桂。原宪，《史记》载其穿着旧衣迎接做了魏相后前呼后拥的子贡，子贡瞧不起他，认为他有病。宪答以"无财者谓之贫，学道而不能行者谓之病"，讽刺子贡学夫子之道反忘其本。刘桢，《三国志》载魏王世子曹丕设宴，命美人甄夫人出拜，众人皆伏地，唯桢平视，曹丕以不敬罪收捕并罚其为苦力。二人都是怀才不遇的典型。诗人叹其思归故乡却又时光蹉跎，潦倒如原宪、刘桢一样又有谁能提携？十年空过，何日振声？长年的忧思叹息，到什么时候是个头啊！

困守长安，最怕生病。不仅生活成本激增，还耽误学业。陆畅《下第后病中》：

献玉频年命未通，穷秋成病悟真空。

笑看朝市趋名者，不病那知在病中。

诗人于病中似乎看开了很多名利之事，只是那些还在为名利奔走的人，又哪里能够想到这一点呢？这不过是诗人因病生发的小感慨罢了，相信一旦病愈，他又会加入到求名者的行列。

五

落第后居京，还有一个盼头，当然希望不是很大，机会也是可遇而不可求的，比如可以试着献文给朝廷，看能不能直接得官。不要以为这是妄语，杜甫当年就是献《三大礼赋》得授右卫率府胄曹参军。虽然只是一个不是很体面的小官，但总算入仕了。据说杜甫后来流落蜀地时，有轻薄少年对其早年仕历出语不逊，杜甫有《莫相疑行》驳之：

> 男儿生无所成头皓白，牙齿欲落真可惜。
> 忆献三赋蓬莱宫，自怪一日声辉赫。
> 集贤学士如堵墙，观我落笔中书堂。
> 往时文采动人主，此日饥寒趋路旁。
> 晚将末契托年少，当面输心背面笑。
> 寄谢悠悠世上儿，不争好恶莫相疑。

看来献文也是要当众测试一下的，这也是杜甫当年风光之时。前六句叙往事，叹流年光景易逝；后六句陈途穷，慨世情变幻无常。告诫轻薄儿郎，好恶争之无益，人心难测是本因，可见老杜历经世事后对世道人心的真切感悟。

中唐时，幸运儿属卢纶。大历时，数举不第。得宰相元载赏识，取文进献，补阌乡尉，后又获宰相王缙赏识，获授集贤学士、秘书省校书郎，自此腾达。这一幸福过程，他在《纶与吉侍郎中孚司空郎中曙苗员外发崔补阙峒耿拾遗沨李校书端风尘追游向三十载数公皆负当时盛称荣耀未几俱沉下泉畅博士当感怀前踪有五十韵见寄辄有所酬以申悲旧兼寄夏侯侍御审侯仓曹钊》道：

"十上不可待，三年竟无成。偶为达者知，扬我于王廷。"可见幸福来得有点突然，命运转换只在瞬间。有了类似之例，别人自然有心仿效。韩愈就曾劝人上书自荐，希望虽然不大，总还值得一试。《赠唐衢》：

> 当今天子急贤良，匦函朝出开明光。
> 胡不上书自荐达，坐令四海如虞唐。

晚唐时，李群玉献诗得官，最为人乐道。他落第后得宰相裴休赏识，又得宰相令狐绹力荐，携三百首诗进献宣宗，授弘文馆校书郎。他自陈其事，《始忝四座奏状闻荐蒙恩授官旋进歌诗延英宣赐言怀纪事呈同馆诸公二十四韵》：

> 两鬓有二毛，光阴流浪中。形骸日土木，志气随云风。……
> 昨忝丞相召，扬鞭指冥鸿。姓名挂丹诏，文句飞天聪。
> 解薜龙凤署，怀铅兰桂丛。声名仰闻见，烟汉陪高踪。

诗长未全录。诗人自言年长而功名未成，忽得丞相荐授重要馆职事。弘文馆属国子监要地，学生皆达官贵人子弟，进士及第能够得授此职也属美差。从诗题中可以看出，由于李群玉这一老举子不第而骤得美官，连馆中同僚也有所惊诧，此诗就是向他们作出说明之用的。时人多有羡贺，方干《题赠李校书》：

名场失手一年年，月桂尝闻到手边。

谁道高情偏似鹤，自云长啸不如蝉。

众花交艳多成实，深井通潮半杂泉。

却是偶然行未到，元来有路上寥天。

叙群玉及第之难，人之常见。又"半杂泉"语，竟直言得官不正，已有不厚道意，最后挑明其有暗渡本领，酸意立显。羡慕嫉妒恨，尽在言中！周朴《吊李群玉》：

群玉诗名冠李唐，投诗换得校书郎。

吟魂醉魄知何处，空有幽兰隔岸香。

老书生周朴信口开河，所谓"冠李唐"语，置李杜何地？不过表达一下崇拜之意，未尝不可，只是崇拜的希望是诗才，而不是运气！晚唐与李群玉同样好命的还有郑良士，累举不第。昭宗时献诗五百首，授国子监四门博士，后任补阙、刺史、御史中丞等要职。《唐才子传》惊羡道："以布衣一旦俯拾青紫，易若反掌，浮俗莫不骇羡，难其比也。"诚然，谁让人家命特别好呢！

六

累举不第者，除居京寻求希望外，多有漫游之举，其中亦有后来登第者。如许棠，诗名高著，有《过洞庭》诗为工，人称

"许洞庭"。他漫游的足迹遍至蜀、楚等地,《唐语林》载其所纳省卷中有《献独孤尚书》诗:

> 虚抛南楚滞西秦,白首依前衣白身。
>
> 退鹢已经三十载,登龙曾见一千人。
>
> 魂离为役诗篇苦,泪竭缘嗟骨相贫。
>
> 今日鞠躬高旆下,欲倾肝胆杳无因。

此诗所言凄凉,主司高湜览后,同情地说:"世复有屈于许棠者乎?"遂顶着权要干请的压力,录取了许棠、公乘亿、聂夷中等寒素举子。

漫游多为不得已之举。面对荒芜的故园和无趣的人生,落第者不得不一次次上路,把时光交给不可知的命运。天下之大,哪里是立锥之地?茫茫人海,谁又是知己之人?贞元八年(792),孟郊下第,韩愈介绍其干谒徐州张建封。《孟生诗(孟郊下第,送之谒徐州张建封也)》:

> 我论徐方牧,好古天下钦。竹实凤所食,德馨神所歆。
>
> 求观众丘小,必上泰山岑。求观众流细,必泛沧溟深。
>
> 子其听我言,可以当所箴。既获则思返,无为久滞淫。
>
> 卞和试三献,期子在秋砧。

面对知音之人的热情推荐，孟郊有《答韩愈李观别因献张徐州》诗自叙衷肠：

> 富别愁在颜，贫别愁销骨。懒磨旧铜镜，畏见新白发。
> 古树春无花，子规啼有血。离弦不堪听，一听四五绝。
> 世途非一险，俗虑有千结。有客步大方，驱车独迷辙。
> 故人韩与李，逸翰双皎洁。哀我摧折归，赠词纵横设。
> 徐方国东枢，元戎天下杰。祢生投刺游，王粲吟诗谒。
> 高情无遗照，朗抱开晓月。有土不埋冤，有仇皆为雪。
> 愿为直草木，永向君地列。愿为古琴瑟，永向君听发。
> 欲识丈夫心，曾将孤剑说。

诗人首叙自己落拓之态，再转达韩李二人介绍之诚。他自比祢衡和王粲，对徐州和张建封大加称誉，希望他能够荐举自己，一雪前耻。可惜的是，翌年孟郊仍然落第，他漫游至复州，谒刺史卢虔，投《自商行谒复州卢使君虔》诗，有"一身绕千山，远作行路人。未遂东吴归，暂出西京尘"句，表漫游求荐意。临别，又投《赠竟陵卢使君虔别》诗，有"赤日千里火，火中行子心。孰不苦焦灼，所行为贫侵"，再次表达希求意。这样数年奔波，终于在贞元十二年（796）及第，年已四十六矣。

落第后的漫游，不是游山玩水式的潇洒，不是诗酒佳人式的浪漫，而是带着沉重的心灵负担，干谒权要，以求荐举，俗谓

"觅举"；或是乞讨举资，得以再次赴举，俗谓"游丐"。其间能够像褚载这样走运的不多，褚载有诗《投节度邢公》：

> 西风昨夜坠红兰，一宿邮亭事万般。
>
> 无地可耕归不得，有恩堪报死何难。
>
> 流年怕老看将老，百计求安未得安。
>
> 一卷新书满怀泪，频来门馆诉饥寒。

　　诗意明白。秋风乍起，红英吹落，思前想后，万般无奈。数次落第，欲退耕而不得，若有人荐举，以死报恩又有何难？只是流年虚度，岁华渐沉，却还未找到人生归宿。只好携一卷诗书，满含着热泪，到您的府上乞望垂怜。诗意流畅，感情真挚，果然打动了襄阳节度使邢君牙。邢怜才之心顿起，赠绢十匹，还向郑滑节镇推荐，未果。后来裴贽知举，邢又向裴推荐褚载，遂及第。

　　漫游获利者不多，晚唐江西观察使钟传愿出钱资助举子的例子之所以为人津津乐道，正在于难得之故。还有少量让落第者振奋的例子，如卢延让获江陵节度使成汭赠举粮、元和举子吕群游蜀得资、长庆举子裴航游江陵获钱二十万等。不过相对于大量漫游者来说，这样的例子还是太少，其余多如黄滔此类遭遇，《下第出京》：

> 还失礼官求，花时出雍州。一生为远客，几处未曾游。
>
> 故疾江南雨，单衣蓟北秋。茫茫数年事，今日泪俱流。

　　落第后，诗人走遍大江南北，此类诗就有《广州试越台怀古》《襄州试白云归帝乡》《河南府试秋夕闻新雁》，可见他漫游过不少地方，亦未见其对某个权要大加称赞，想来当是闭门羹吃得多了，所以回想起来，还是泪流不止。

　　漫游举子多了，一些权要便觉得讨厌，门也就不那么好进了。聪明人会有聪明的办法，如雍陶为官后盛气凌人，门特别难进。《诗话总龟》载其知简州时，举子冯明道上门干谒，谎称与雍有旧。一见，不识，大加呵责。明道答以"诵公诗，得相见，何隔平生？"并立即诵雍诗："立当青草人初见，行近白莲鱼未知""闭门客到常如病，满院花开未是贫""江声秋入峡，雨叶夜侵楼"，雍大喜，立即厚加馈赠。看来这位冯举子提前做足了功课，探听清楚了雍之为人喜好，出其不意大获成功。同书载吴武陵事。吴漫游至青州，谒节度使李吉甫，不获礼遇。聪明的他并未放弃，再以一特别诗作开路：

> 十处投人九处违，家乡万里又空归。
>
> 严霜昨夜侵人骨，谁念高堂未授衣！

　　李吉甫一看，立即厚遇之，并请其不要到处传诵此诗。原来此诗为李吉甫之父李栖筠当年不第后投赠维扬都护朱甄之诗，朱当时并未在意。现在吴武陵找出这首李栖筠投赠失败诗作转投其子，李吉甫无论如何都要大加礼遇了。不过这种成功经验能不能被落第者拿来复制一番，则就难说了。

大量举子落第后漫游四方，从诗文标题中都能看到他们的足迹之广。如岑参《送周子落第游荆南》、钱起《送李秀才落第游荆楚》、白居易《春送卢秀才下第游太原谒严尚书》、许浑《下第送宋秀才游岐下、杨秀才还江东》、刘驾《送友人下第游雁门》、张乔《送许棠下第游蜀》、曹邺《送进士李殷下第游汾河》、贯休《送友人下第游边》、罗隐《送臧渍下第谒窦鄜州》。唐人将此类漫游称为"壮游"，可能这类游历不同于普通毫无目的的游览，而是胸怀壮志的缘故吧，典型者如杜甫之《壮游》：

往者十四五，出游翰墨场。斯文崔魏徒，以我似班扬。七龄思即壮，开口咏凤皇。九龄书大字，有作成一囊。性豪业嗜酒，嫉恶怀刚肠。脱略小时辈，结交皆老苍。饮酣视八极，俗物都茫茫。

东下姑苏台，已具浮海航。到今有遗恨，不得穷扶桑。王谢风流远，阖庐丘墓荒。剑池石壁仄，长洲荷芰香。嵯峨阊门北，清庙映回塘。每趋吴太伯，抚事泪浪浪。枕戈忆勾践，渡浙想秦皇。蒸鱼闻匕首，除道哂要章。越女天下白，镜湖五月凉。剡溪蕴秀异，欲罢不能忘。

归帆拂天姥，中岁贡旧乡。气劘屈贾垒，目短曹刘墙。忤下考功第，独辞京尹堂。放荡齐赵间，裘马颇清狂。春歌丛台上，冬猎青丘旁。呼鹰皂枥林，逐兽云雪冈。射飞曾纵鞚，引臂落鹙鸧。苏侯据鞍喜，忽如携葛强。

快意八九年，西归到咸阳。许与必词伯，赏游实贤王。曳裾置醴地，奏赋入明光。天子废食召，群公会轩裳。脱身无所爱，痛饮信行藏。黑貂不免敝，斑鬓兀称觞。杜曲晚耆旧，四郊多白杨。坐深乡党敬，日觉死生忙。朱门任倾夺，赤族迭罹殃。国马竭粟豆，官鸡输稻粱。举隅见烦费，引古惜兴亡。

河朔风尘起，岷山行幸长。两宫各警跸，万里遥相望。崆峒杀气黑，少海旌旗黄。禹功亦命子，涿鹿亲戎行。翠华拥吴岳，螭虎啖豺狼。爪牙一不中，胡兵更陆梁。大军载草草，凋瘵满膏肓。备员窃补衮，忧愤心飞扬。上感九庙焚，下悯万民疮。斯时伏青蒲，廷争守御床。君辱敢爱死，赫怒幸无伤。圣哲体仁恕，宇县复小康。哭庙灰烬中，鼻酸朝未央。

小臣议论绝，老病客殊方。

蒋兆和绘杜甫像

郁郁苦不展，羽翮困低昂。秋风动哀壑，碧蕙捐微芳。之推避赏从，
渔父濯沧浪。荣华敌勋业，岁暮有严霜。吾观鸱夷子，才格出寻常。
群凶逆未定，侧伫英俊翔。

　　大历元年（766），杜甫卧病于夔州。这一鸿篇巨制，是诗人
一生壮游之总结，也是他早年落第后寻求仕进出路的自传体史
诗。为求明白，将其分段列出。第一段叙豪迈不羁的少年游历，
第二段叙吴越胜境之游，第三段叙放荡快意的齐赵之游，第四段
叙忧思多虑的长安之游，第五段叙奔赴凤翔行在和还京之事，第
六段叙贬官后的久客巴蜀之故。前三段是诗人年轻时的游历，可
看作立志成名的举子为入仕所作的各种努力和游学，第四段则是
诗人落第后真正的心路历程的写照，且一直写到眼前卧病他乡的
凄凉处境，实为落第者漫游各地之一大经典诗作。

第四节　归宿

　　落第后无论是居京还是漫游，都因为心中尚存希望的灯火。
一旦这一豆光亮被无情地掐灭或自然地消亡，人生最后的剪影也
就霎时矗立在面前。难道就这样被命运征服？难道就这样到了最
后的归宿？

一

　　落第后居京虽不容易，但就有人想居京而不得，反被授以官

职，变相赶出京城，这是多么无奈的归宿，却又实实在在地上演过。有唐一代，贾岛和温庭筠是未及第、亦未经任何重臣举荐而授官之特例，意味深长。

贾岛行迹，《鉴诫录》载之较详："岛初赴名场日，常轻于先辈，以八百举子所业，悉不如己。自是往往独语，旁若无人。"先辈，是唐时对已及第者的敬称。看来贾岛这位来自边地范阳又做过和尚的年轻人，确实有些清高。不过韩愈独赏其才，留下"推敲"典故和一首称赞他的诗《赠贾岛》：

> 孟郊死葬北邙山，日月风云顿觉闲。
> 天恐文章浑断绝，再生贾岛在人间。

孟郊到老方第，一生叹命哭老，诗作寒苦；贾岛到老未第，相比老孟更为清苦，只是比老孟更有骨气，瘦骨铮铮，正如苏轼"郊寒岛瘦"之谓。

落第之痛，贾岛一生多次感受。《下第》：

> 下第只空囊，如何住帝乡！杏园啼百舌，谁醉在花傍？
> 泪落故山远，病来春草长。知音逢岂易，孤棹负三湘。

下第之后，贫病交加。天下之大，上哪去寻找知音之人呢？无尽的失落弥漫心头。

　　贾岛形单体弱，脾气却不小，《剑客》诗口气挺大："十年磨一剑，霜刃未曾试。今日把试君，谁有不平事？"一显中唐后河北边地尚武之胡化民风。不平事真让他碰上一件——宰相裴度在兴化里建一豪华别墅，他知后愤愤不平，有《题兴化园亭》诗：

　　　　　　破却千家作一池，不栽桃李种蔷薇。

　　　　　　蔷薇花落秋风后，荆棘满庭君始知。

　　此诗出语尖刻，认为权贵们自顾享乐，不虑平民生计，等到人们怨恨的种子生根发芽之时，后悔可就来不及了。这一暗含威胁意味的诗作一传出去，而且还是指向中兴名臣裴度，这一下犯了众怒，人们纷纷指责他这种侮慢不逊的行为，贾岛算是为自己挖了一个大坑。可能是感到了舆论的压力，贾岛亦曾有过懊悔。《早蝉》：

　　　　　　早蝉孤抱芳槐叶，噪向残阳意度秋。

　　　　　　也任一声催我老，堪怜两耳畏吟休。

　　　　　　得非下第无高韵，须是青山隐白头。

　　　　　　若问此心嗟叹否，天人不可怨而尤。

　　以早蝉自喻，表明自己早岁应举直到老年不第的悲凉。最后自明心志，表达自己不再怨天尤人，显出对此前的行为一丝忏悔之意。

忏悔并不代表改正，何况改正也未必能重拾人心。与其如此，还不如率性而为来得痛快。估计贾岛是这么想的，他真的这么做了，写《病蝉》一诗，公开与众人对立：

> 病蝉飞不得，向我掌中行。折翼犹能薄，酸吟尚极清。
> 露华凝在腹，尘点误侵睛。黄雀并鸢鸟，俱怀害尔情。

多年不第，身心受创。他再也不是一只尚能鸣噪的早蝉了，而是变成了一只疾痛缠身的病蝉。虽翼犹薄，吟尚清，才仍在，可惜已被尘世所污，无论是何种鸟类，都恨不得啄之而后快。此诗一出，受刺激的当然是朝中显贵，他们认为贾岛与平曾等人联合起来扰乱贡院，列名"举场十恶"，驱赶出科场。

唐代本是言论较为开放的社会，一般很少以言罪人，此次贾岛被驱逐出场，反映中晚唐之交政治环境的恶化。当然唐代毕竟是唐代，公卿辈即使不喜贾岛，也没有罗织罪名置其死地，而是采取了让后人怎么看似乎也看不明白的方式，找了个莫须有的名义，"坐飞谤"，即因传播流言诬蔑他人事，于开成二年（837），贬贾岛出任蜀地长江县主簿，眼不见心不烦，算是与其作个了断。

且慢，这哪里是贬啊，明显是给他官做啊！不错，长江县主簿为从九品下，哪怕是进士及第后再守选三年，一般也就是从这一级别入仕。但对贾岛来说，这一授官还真是贬，后人还为这一事件编了个令人信服的理由，就是贾岛得罪了皇帝。多书载其事，言贾岛在青龙寺吟诗，一人见其诗稿后翻看，被他一把夺下，还讽刺对方道："郎君鲜酏自足，何会此耶？"也就是说你这人穿戴华丽，哪像懂诗的人？这一下摸了老虎屁股，原来此人是皇帝，至于是文宗、武宗还是宣宗已搞不清了。触了龙鳞，自然要倒霉，才被贬。贾岛行至途中，作《观冬设上东川杨尚书》诗投杨汝士，有"逐迁属吏随宾列，去棹扁舟不忘恩"句，算是向长官报道，明言自己是受逐而来；到了贬地，作《谢令狐相公赐衣九事》诗给令狐楚，有"长江飞鸟外，主簿跨驴归。逐客寒前夜，元戎予厚衣"句，也是自承遭贬。时人亦如此认为，如姚合《寄贾岛时任普州司仓》有"长沙事可悲，普掾罪谁知。千载人空尽，一家冤不移"，李频《过长江伤贾岛》有"忽从一宦远流离，无罪无人子细知"，《哭贾岛》有"一宦终遐徼，千山隔旅坟。恨声流蜀魄，冤气入湘云"，杜荀鹤《经贾岛墓》有"谪宦自麻衣，衔冤至死时。山根三尺墓，人口数联诗。仙桂终无分，皇天似有私"，曹松《吊贾岛》有"先生不折桂，谪去抱何冤"，崔涂《过长江贾岛主簿旧厅》有"身从谪宦方沾禄，才被槌埋更有声"，均是为贾岛遭贬事鸣不平。

这就奇怪了，举子们苦心求第不就是为了入仕么？现在贾岛未第而得官，不仅无人相贺，反倒纷纷为其诉冤？自唐以来，多有于此事作解者，然均语焉不详，或只就及第成名事论，难免有遗珠之憾。其实，此事恰恰与后人认识相反，真正是当局者清，旁观者迷。概而言之，未第而责授长江主簿，对贾岛来说，有三大不利：一是断绝了贾岛此生成名之望，不仅他个人将以白丁终老，全家由平民转为衣冠户的愿望也就彻底落空，贾岛及其家人的失望是可以想见的。所以到任后，《寄令狐绹相公》有"梦幻将泡影，浮生事只如"这样的心碎之语。二是进士及第后虽授官低微，但上升空间巨大，而对于五十九岁的贾岛来说，此路已绝。尽管三年后曾迁转至普州司仓参军，也不过是一看管仓库的庸员，意义不大，果然其不久即忧卒于此任。三是进士及第后授官分等级，只有最末等的才授予远县簿尉，且多量授在好地，即经济较为发达的地方。而此次贾岛属"责授"，即指定授在边远之处，名声也不好听，且让一个五十九岁的老举子远赴四川，明显就是不想让其活着回来，居心叵测。但即便如此，公卿们还是做得滴水不漏，似乎已经很够意思，仁至义尽了，让贾岛哑巴吃黄连，有苦说不出，不赴任还不行。这些所谓朝廷重臣治事不行，治人的手段却是一套一套的，不由人不叹惜！

有了整治贾岛的经验，再碰到类似的刺头就好办了。果不其然，数年后，温庭筠横空出世。温庭筠是初唐重臣温彦博的后代，不过传到他这一代早已没落。与出身平民的贾岛相比，没落士族的出身更让其有了游戏举场的底气。他才气过人，不修边幅，挑战一切他看不惯的人和事。特别是对待那些不学无术却又位居高位者，他的嫉恨和失落简直让他有点失去理智。如宰相令狐绹假其手作《菩萨蛮》词进献宣宗，很快他便失信而张扬出去，故意给宰相难堪。他又在举场中为人假手作赋，更惹当权者厌烦。此类事件不止一次，使得令狐绹对其由信任到失望再到报复，不断打压其上升空间，并以"有才无行"评之，导致温庭筠终生难第。

大中十三年（859），令狐绹终于要决心赶温庭筠出京了。他有样学样，仿当年贾岛例，贬温庭筠为隋县尉。隋县在今湖北，为一偏僻之地。此次被贬，后人同样编造了一个类似贾岛忤皇帝的理由，说温庭筠冲撞了微服出行的宣宗，显出此次被贬的天意来。其实，看中书舍人裴坦制词，或许能够看出一些端倪来："早随计吏，夙着雄名，徒负不羁之才，罕有适时之用。放骚人于湘浦，移贾谊于长沙，尚有前席之期，未爽抽毫之思。"如何？这份贬词不像是批评，反倒是在表扬和鼓励。词中将温比作屈原和贾谊，才华又高，只是不得时用而已，希望他不要气馁，皇帝早晚还会像汉文帝召回贾谊一样想起你来的。说白了，你不是无才，而是不听招呼，那就只能先一边凉快去吧。不过随着人事变动，也没有人真的想起他来，温庭筠后来转事几处幕府均不得志，咸通七年（866）任过短暂的国子助教，曾主秋试，旋又被贬为方城尉。不过第二次被贬是已入仕再贬，重点是第一次遭贬，让他这名以诗文自负者在成名一事上功败垂成，仕途进取也成了奢望，更不要说实现其少年时重振门第的梦想了。这一人生至痛，想忘记片刻都难。

科场失意的温庭筠，一生可用被贬时纪唐夫所送之诗作一注

脚,《送温庭筠尉方城》:

> 何事明时泣玉频,长安不见杏园春。
>
> 凤凰诏下虽沾命,鹦鹉才高却累身。
>
> 且尽绿醽销积恨,莫辞黄绶拂行尘。
>
> 方城若比长沙路,犹隔千山与万津。

此诗历来有些争议,虽题目标明是第二次贬时所写,但诗意很明显却是在感叹温庭筠落第后的遭遇。特别是拿祢衡事作比,更表明他是因为不与当权者合作而被打击的事实,所以这里认为还是写在第一次遭贬时更为妥当。第二次所贬之方城在今河南南阳,靠近当时的隋县,同为不发达地区。温庭筠一生似乎走了一个大轮回,到底还是难逃被人报复的命运。

二

选择漫游的话,目标自然在于幕府重臣,这些人的提携有时对省试录取起重要作用。因此,如果登第艰难,落第者进入幕府做一僚属,不失为人生较好的归宿。如唐彦谦,十余年不第,入河中王重荣幕,累迁至节度副使;陈岳,十余年不第,晚年投江西钟传幕;平曾,最后入西川幕;再如陈陶,性耿介,不事干谒,落第。有《闲居杂兴》:

一顾成周力有余，白云闲钓五溪鱼。

中原莫道无麟凤，自是皇家结网疏。

诗人自比吕望之才，可惜无由得进，抨皇家遗才之弊。后入泉州幕，可能觉泉州幕小，再入福建观察使桂仲武幕，为此有《投赠福建桂常侍》：

闽地歌钟镇海隅，城池鞅掌旧名都。

不知珠履三千外，更许侯嬴寄食无。

诗人以春申君、信陵君这两位好养士的重臣比桂仲武。当年春申君门下食客三千，上等客人鞋缀明珠；侯嬴是魏之隐士，信陵君尊为上客。陈陶此诗打动了幕主，得入福建幕。

唐代幕府始于唐初，李世民曾开天策上将府，招才学之士，不过设在京城。盛唐玄宗时，在西北和东北开幕守边，安史之乱后，延及全国各地，遂在原数州、府之上设节镇以统之，世称藩镇。下属州、府，亦可开幕，不过权力和规模大大受限于藩帅。藩帅权力极大，掌军民之政，遂为军阀，是唐亡关键原因。所以文人投幕，多投大幕，如陈陶先投泉州幕再转投其上级福建幕，也属人之常情。再如罗邺，累举不第，投感化郭铨幕无果，有《留献彭门郭常侍》诗：

> 受得彭门拥信旗，一家将谓免羁离。
>
> 到来门馆空归去，羞向交亲说受知。
>
> 层构尚无容足地，尺波宁有跃鳞时。
>
> 到头忍耻求名是，须向青云觅路岐。

诗言本以为可寄居此处，没想到一无所得，家人的期待也就成了空。幕中职层众多，哪里会容不下我呢？看来还是走科举成名路为是。失望中满含抱怨和委屈，不过联系晚唐时代背景，也就知并非幕主有意刁难。中晚唐后，幕府用人权力过大，这样朝廷授官名额被大大侵占，一些科举成名者和转调官员往往无职可授，遂屡下圣旨，强调幕府须用有功名之人，不可用落第白丁。如此一来，落第者如无特别关系或名气不大，想入幕也就并非易事。很明显，罗邺与这位彭门幕主关系平平，遭到冷遇也很正常。好在很快罗邺就在江西崔安潜幕找到了从事一职，总算解决了一家人的温饱问题。

唐朝行政区划图

　　落第者入幕，多为无奈之举，罗隐为其典型。后人多言罗隐入吴越钱镠幕前后宾主相得之状，真实情况并不如此。《吴越备史》载，罗隐累举不第，东归钱氏时年已五十五岁，此前也曾在湖南、淮扬、润州入幕，皆不顺。为求晚年安妥，入钱氏幕前，罗隐先投诗问路，有"一个祢衡容不得，思量黄祖谩英雄"语，以提示对方自己一向有好讽刺人的习惯，看看对方反应和气量。老道的钱镠笑而复书，有"仲宣远托娄荆州，都缘乱世；夫子辟为鲁司寇，只为故乡"句，是以乱世当归故土意感染罗隐，遂归钱氏,钱镠后来还曾对罗隐大加称赞:"黄河信有澄清日,后代应难继此才。"事情看起来简单,但过程不只于此。《西湖游览志馀》载,与罗隐齐名的章鲁风因拒绝钱氏征召被杀,关中及第进士吴仁璧亦因拒绝钱氏征召并要求其撰写《罗城记》,竟父女一同被杀,《北梦琐言》载著名文士吴融也差点被钱氏杀害,钱氏对待文人之残忍可以想见一斑。罗隐虽然入钱氏幕,但前车之鉴不可能不知。面对莫测的命运,罗隐小心侍候,接下了吴仁璧不愿写的《杭州罗城记》,并毁掉所有与吴仁璧交往的诗文。在钱塘幕中,罗隐也不是无所作为,他曾以诗巧谏钱镠,废除"使宅鱼"之役。《题磻溪垂钓图》:

> 吕望当年展庙谟,直钩钓国更谁知?
> 若教生在西湖上,也是须供使宅鱼!

西湖渔民本已辛苦,每天还要交纳一定数量的新鲜鱼给钱府,不堪重负。罗隐借钱镠邀请其观画之际,借古讽今,收到了良好的效果,钱镠终于废了这一苛政。另一次,朝廷征吴越钱粮,有人向钱镠建议可多交一些以讨好朝廷,罗隐提醒钱镠如此做法,只怕引来朝廷苛索,遂答以"天寒而麋鹿常游,日暮而牛羊不下",即一派荒凉和人烟稀少之状,堵住了朝廷再加征赋的理由。在钱氏幕府二十余年间,罗隐做过掌书记、钱塘令,昭宗被朱温所弑后还劝钱镠起兵报仇,事不行,但仍得钱镠高看。

五代十国前期形势图

　　在钱氏幕府期间，还有一事不得不提，即魏博节度使罗绍威仰慕罗隐之事。《北梦琐言》载，罗绍威对罗隐"申南阮之敬，隐以所著文章诗赋酬寄，绍威大倾慕之，乃目其所为诗集曰《偷江东》"。此段常被人当作文学史上佳话相传，但真实情况是否真的很美好呢？晋阮籍、阮咸叔侄同负盛名，共居家乡道路之南，道路以北的则是富有的阮姓人，故有"南阮北阮"之语，指聚居而贫富悬殊的同族人家，唐戴叔伦有"闭门茅底偶为邻，北阮那怜南阮贫"句。面对这样一位权势人物的赏识，罗隐作何反应呢？沾沾自喜否？自命清高否？且看《魏博罗令公附卷有回》：

> 寒门虽得在诸宗，栖北巢南恨不同。
> 马上固惭消髀肉，幄中犹美愈头风。
> 蹉跎岁月心仍切，迢递江山梦未通。
> 深荷吾宗有知己，好将刀笔为英雄。

罗隐谓自己出身寒门，虽有幸与对方同宗，可惜南北相隔太远了，实际上是在说自己没有攀附之意。接着用二典表达自己的冷静和客气，"髀肉"典指刘备当年为迷惑刘表而表示自己久不骑马，太过安逸而无大志之意，"愈头风"典指曹操读陈琳文而头风病愈，夸赞对方文章杰出。这里罗隐明确表示自己安于钱塘，不愿和对方再有更多接触之意，显出罗隐为防钱镠多心的老道人生经验。后几句表示虽然自己仍有上进之心，但与对方千山万水，也就算了罢，最后祝愿对方诗文成就与其威名一样成为文坛英雄。

罗隐与罗绍威，一为蹭蹬科场多年不第的老举子，一为威震一方的军阀强人，其间差别判若云泥。罗隐清醒地看到了这一点，虽然对方热情洋溢，但罗隐顾忌钱镠的猜忌之心，十分节制地作出恰当的回应。何况罗绍威之为人，罗隐不可能一无所知。

《北梦琐言》有写罗"每命幕客作四方书檄，小不称旨，坏裂抵弃"，可见他的幕中文士是如何整天战战兢兢地工作的。这样一个附庸风雅而又叶公好龙式的武人，凭罗隐半生游历，怎么会真的傻到相信与这类军阀有什么知遇之情呢？

三

漫游后如罗隐者，选一可托之幕终老，不失为落第后较好选择。只是人生不如意事十有八九，幸运之人的故事总是相似，不幸之人却各有各的不幸。

《因话录》载陈存事，主司每次准备录取他时，总会碰到麻烦事而舍之。好不容易等到老朋友许孟容知举了，以为这次必定高中，不料天亮前准备入试时中风，身不能动，口也不能言矣！《太平广记》载崔元章也是主司已答应与及第，入试日也中风！同书又载吕群，更是倒霉。吕是个有钱的主，落第后游蜀，对待众仆人极凶，一晚众仆趁其在外酗酒，提前在其床下挖一大坑，等吕群醉归，扔于坑中，并断其首，死得真是窝囊。《云溪友议》载举子胡绾之死，却是殊为可怜。元和年间，进士廖有方在宝鸡旅舍遇一危重病人，尚年轻，问以疾，答曰："辛勤数举，未偶知音。"叩头，并以后事相托，遂逝。死后，廖有方卖掉自己马匹买来棺材葬之，作《葬宝鸡逆旅士人铭诗》：

嗟君没世委空囊，几度劳心翰墨场。

半面为君申一恸，不知何处是家乡。

　　后来几经波折，才知此人姓名，廖还因此见义勇为事登第，可谓好心有好报。

　　《酉阳杂俎》载有二落第举子之鬼事，读来令人凄惶。襄阳一刘姓举子赴举，途遇另一年轻举子，遂偕行。日暮，邀刘生到其家，刘生以举期渐紧婉拒。该举子遂赋诗一首：

流水涓涓芹努牙，织鸟双飞客还家。

荒村无人作寒食，殡宫空对棠梨花。

　　后来刘生寻访，果然存有殡宫，尚未下葬。一位至死也未能成名的举子身后惨事，就这样呈现出来。另有张省躬，枝江县令之子。大和年间昼寝，梦一陌生举子张垂，交谈一番后留诗一首：

戚戚复戚戚，秋堂百年色。而我独茫茫，荒郊遇寒食。

　　惊醒后，记下其诗，几天后这位举子就客死异乡。这两名举子坚守至死，仍是两手空空，读来令人歔歔。

　　《本事诗》载卢献卿事。这位范阳举子，其《愍征赋》一篇，被人推为仅次于庾信《哀江南赋》的佳作。他累举不第，流寓郴州。病重，梦人赠诗云：

> 卜筑郊原古，青山唯四邻。扶疏绕屋树，寂寞独归人。

旬日而卒，官府葬之，结局果然如此诗所述。皮日休有《伤卢献卿秀才》：

> 愍征新价欲凌空，一首堪欺左太冲。
> 只为白衣声过重，且非青汉路难通。
> 贵侯待写过门下，词客偷名入卷中。
> 手弄桂枝嫌不折，直教身殁负春风。

诗人认为卢赋堪比左思的《三都赋》，可惜才高不遇，名气只在民间，难以上达天听，直到客死异乡。

吴中严恽，十度应举不第。有名作《落花》：

> 春光冉冉归何处，更向花前把一杯。
> 尽日问花花不语，为谁零落为谁开？

面对烂漫春光，落第的诗人无限惆怅，借酒浇愁。杜牧叹赏不已，作《和严恽秀才落花》：

共惜流年留不得，且环流水醉流杯。

无情红艳年年盛，不恨凋零却恨开。

时光如同眼前的流水一样，何曾停留片刻？还是拿起酒杯，畅饮一番吧。花开时节，红艳逼人；可落第的人啊，心痛也正在此时。可见杜牧深知落第友人之内心，一语道破。后来，严恽功名未就卒于故里，皮日休和陆龟蒙各有诗伤悼。皮日休《伤进士严子重诗》：

十哭都门榜上尘，盖棺终是五湖人。

生前有敌唯丹桂，没后无家只白蘋。

箸下斩新醒处月，江南依旧咏来春。

知君精爽应无尽，必在酆都颂帝晨。

该诗原有序，言与严恽交往及严之诗作成就，并叙其病卒及身后凄凉之状。诗人伤严恽英年早逝，言其哪怕在地下，也会吟咏不辍吧。陆龟蒙《严子重以诗游于名胜间旧矣余晚于江南相遇甚乐不幸且没袭美作诗序而吊之其名真不朽矣又何戚其死哉余因息悲而为之和》：

每值江南日落春，十年诗酒爱逢君。

芙蓉湖上吟船倚，翡翠岩前醉马分。

> 只有汀洲连旧业，岂无章疏动遗文。
>
> 犹怜未卜佳城处，更斸要离冢畔云。

陆龟蒙诗，题目甚长，兼诗序性质，此处意谓严恽得皮日休诗吊，名将不朽，还是不要再悲痛了吧。诗中叙严恽诗酒潇洒之态，只是遗憾其功名未就，且下葬草草，殁后太过凄凉。未卜佳城，言其葬地草草，似属临时下葬；要离冢，春秋时吴国刺杀庆忌的勇士要离之墓，在无锡，到唐时已掩于荒草之中。

前文已述李洞干谒主司裴贽不得事。他二十余年不第，流落蜀中而卒。李洞非常推崇贾岛，铸像事之如神。有《贾岛墓》诗："一第人皆得，先生岂不销。位卑终蜀士，诗绝占唐朝。旅葬新坟小，魂归故国遥。我来因奠洒，立石用为标。"写贾岛客死异乡之凄凉景象和自己的伤感情怀。李洞死后，郑谷有《哭进士李洞》：

> 所惜绝吟声，不悲君不荣。李端终薄宦，贾岛得高名。
>
> 旅葬新坟小，遗孤远俗轻。犹疑随计晚，昨夜草虫鸣。

"旅葬新坟小"句，极写落第者身后寂寞之状，既是李洞哭贾岛，又被郑谷用来哭李洞，二人隔代同悲，如若地下有知，亦当惺惺相惜矣！

《唐摭言》载欧阳澥事。他是四门博士欧阳詹之孙，出入科场二十余年。赴京后，曾连续十余年到大臣韦昭度门前行卷，却

从未获一见。僖宗时逃蜀，韦昭度入相，终于有了实权。念及欧
阳澥多年行卷事，遂打听其下落，时正流落襄阳。韦致书襄阳节
度使刘巨容，让其解送欧阳澥赴举，刘自然照办，不仅首荐，还
厚加馈赠，大宴宾客。眼看人生峰回路转，不料却在上路前一晚
心脏病发作而死。所谓时也？命也！正如此也！他有《咏燕上主
司郑愚》一诗：

> 翩翩双燕画堂开，送古迎今几万回。
> 长向春秋社前后，为谁归去为谁来。

诗人自比燕子，出入考场多次，身心疲惫不堪，到底为了谁
呢？这一问题，估计主司只有让他及第，才是最好的回答。可惜
主司偏偏不答，令其抱恨终天。

张玖，落第而客死异乡。唐求《伤张玖秀才》：

> 铜梁剑阁几区区，十上探珠不见珠。
> 卞玉影沉沙草暗，骅骝声断陇城孤。
> 入关词客秋怀友，出户孀妻晓望夫。
> 吴水楚山千万里，旅魂归到故乡无。

从诗中可见，这又是一位不第者的凄凉结局。杜荀鹤《哭
友人》：

病向名场得，终为善误身。无儿承后嗣，有女托何人。

葬礼难求备，交情好者贫。惟馀旧文集，一览一沾巾。

很明显，这还是一位可怜举子的结局。一生未第，病死京中。亲人不在身边，连葬礼举办费用都成问题，只留下一卷诗书，令人伤感而泣下。

一人应举，全家受累，如果落第后继续苦战文场，投入更是惊人。古代通信和金融均不发达，人在他乡的举子无生业可做，万一得不到家庭的后续资助，很容易陷入困境。一旦贫病交加，叫天不应，叫地不灵，只能生为举场之人，死为他乡之鬼，可怜亦复可叹！

四

死者长已矣，存者且偷生。天下之大，何处容身？不如归去，让自己奔波的肉身停下，等一等落下的灵魂；再找上一处可安身心之处，纵归大化之中，不也是一种美好和解脱？人生，或生如夏花，绚烂无比；或死如秋叶，静美安详。如果一定要强求成功，红颜怎可永驻，事事哪得方休？

落第者曾怀治平兼济之心，致君尧舜之志，一旦功名无成，理想难期，信仰的动摇在所难免。一些落第者想开了，不再纠结于名利场，而是投身于宗教，在另一世界中找到了心灵的安放之处。盛唐谢昼，谢灵运裔孙，到长安觅举不得，遂遁入空门，法号皎然。他有

《述祖德赠湖上诸沈》诗，叙其落第为僧之心路历程：

> 我祖文章有盛名，千年海内重嘉声。
> 雪飞梁苑操奇赋，春发池塘得佳句。
> 世业相承及我身，风流自谓过时人。
> 初看甲乙矜言语，对客偏能鸲鹆舞。
> 饱用黄金无所求，长裾曳地干王侯。
> 一朝金尽长裾裂，吾道不行计亦拙。
> 岁晚高歌悲苦寒，空堂危坐百忧攒。
> 昔时轩盖金陵下，何处不传沈与谢。
> 绵绵芳籍至今闻，眷眷通宗有数君。
> 谁见予心独飘泊，依山寄水似浮云。

皎然十分推崇其祖先谢灵运，希望自己也能够光耀门楣，重振家声。他入京干谒，千金散尽，一无所成。终于明白世道艰难，苦寒难进，只好寄浮生于山水，访空门于余生，终成一代名僧。

亦有入道者。盛唐著名道士吴筠，就曾是落第举子。《桂苑丛谈》载张绰，落第后入道，有诗自写心境：

> 争那金乌何，头上飞不住。红炉漫烧药，玉颜安可驻。
> 今年花发枝，明年叶落树。不如且饮酒，莫管流年度。

时光流转，青春飞逝，强求又有何益？更有吕岩，即吕洞宾，咸通时举进士不第，隐于终南山。有《题僧房绝句》："唐朝进士，今日神仙。足蹑紫雾，却返洞天。"《诗话总龟》载其"值巢贼为梗，携家隐于终南山，学老子法，绝世辟谷，变易形骸，尤精剑术"。有《送钟离先生》：

> 得道归来相见难，又闻东去幸仙坛。
> 杖头春色一壶酒，顶上云攒五岳冠。
> 饮海龟儿人不识，烧山符子鬼难看。
> 先生去后应难老，乞与贫儒换骨丹。

此诗本事难以考实，不过见出了诗人落第后得遇道家高人钟离权后有心向道的人生志向。他有多首《七言》诗，自写心迹：

> 当年诗价满皇都，掉臂西归是丈夫。
> 万顷白云独自有，一枝丹桂阿谁无。

永乐宫壁画《钟离权度吕洞宾》

诗名虽著，功名难成。好在其醒悟较早，并未沉浸其中，享万顷白云于天地之中，不比人间一空名更强？又：

> 闲寻渭曲渔翁引，醉上莲峰道士扶。
> 他日与君重际会，竹溪茅舍夜相呼。

这样洒脱的隐居生活，透露出的是诗人入道修真的心志，又《赠陈处士》：

青霄一路少人行，休话兴亡事不成。

金榜因何无姓字，玉都必是有仙名。

　　世道纷乱，功业难成。但能够修道成仙，得天地精华而长生，扬名万古，不也是一种更好的补偿？话虽如此，后人将其附会八仙之事暂且不论，只是不知当时诗人对成仙之事信有几分，所以将其看作失意后与陈处士之间的相互安慰语，倒更令人信服。不过诗人后来大得道名，位列"仙籍"，也有其诗中自证其志之功。如：

世上何人会此言，休将名利挂心田。

等闲倒尽十分酒，遇兴高吟一百篇。

物外烟霞为伴侣，壶中日月任婵娟。

他时功满归何处，直驾云车入洞天。

不事王侯不种田，日高犹自抱琴眠。

起来旋点黄金卖，不使人间作业钱。

三尺焦桐为活计，一壶美酒是生涯。

骑龙远出游三岛，夜久无人玩月华。

　　淡泊名利，修身养性，诗酒风流，超然物外，返璞归真，悠游云间，哪一条不是落第举子们心灵退守的桃源圣地？哪一条又不是失意者自我宽慰的心灵鸡汤？他能够"割断繁华掉却荣"，

彻悟名第之空，为躁动的心灵找到一安放之所，不失为人生较好
之归宿。

五

　　谋事在人，成事在天。努力过，奋斗过，再不成，天注定。
在青春渐逝的午后，收拾好自己的心情，坦然接受命运的安排，
为人生的落幕，寻找来时的风景，或许是落第者最为理性的选
择。可说起来容易，又有谁能看得如此之开呢？看看孟浩然吧，
一介布衣，得见天颜，又未能第，遂归故山。《秦中苦雨思归赠
袁左丞贺侍郎》：

　　　　苦学三十载，闭门江汉阴。用贤遭圣日，羁旅属秋霖。
　　　　岂直昏垫苦，亦为权势沉。二毛催白发，百镒罄黄金。
　　　　泪忆岘山堕，愁怀襄水深。谢公积愤懑，屡舄空谣吟。
　　　　跃马非吾事，狎鸥宜我心。寄言当路者，去矣北山岑。

　　诗人落第东归，心情久久难以平静。钱财耗尽，思归故土，
不过是掩饰其遭黜的不平和委屈而已。可以想见，哪怕是归隐
后，惆怅和遗憾也会时时在其心中荡起涟漪，令其终生难以释
怀。方干倒是应了十余次举，一开始自信满满，以为会有奇迹发
生在自己身上。《贻钱塘县路明府》：

　　志业不得力，到今犹苦吟。吟成五字句，用破一生心。
　　世路屈声远，寒溪怨气深。前贤多晚达，莫怕鬓霜侵。

　　头发都白了，仍然相信有晚达之时。可后来屡试不第，本以为是运气未到或学力不足，结果偶然听到朝廷不可能录取缺唇之人的消息后，才归隐故山。归隐后，其实生活也还不错，居镜湖之滨，湖之北有茅斋，湖之西有松岛，每风清月明时，携稚子邻叟，轻棹往返，心情很好。居所水清木幽，一草一花，俱能令人流连忘返。虽贫，但蓄有古琴，行吟醉卧常以之自娱。这种枯淡生活，一开始或许还觉得新鲜，《初归镜中寄陈端公》：

　　　　去岁离家今岁归，孤帆梦向鸟前飞。
　　　　必知芦笋侵沙井，兼被藤花占石矶。
　　　　云岛采茶常失路，雪斋中酒不关扉。
　　　　故交若问逍遥事，玄冕何曾胜苇衣。

　　诗人离京回乡，再也不用奔波于举场看人脸色，而是寻笋采茶，醉卧酣眠，率性适意，似乎真觉得官身不如白身自由自在。这是写给京城相识的一位陈姓侍御史的，或许有意掩饰一下自己罢举后的尴尬吧。《镜中别业二首》：

　　寒山压镜心，此处是家林。梁燕窥春醉，岩猿学夜吟。

云连平地起，月向白波沉。犹自闻钟角，栖身可在深！
世人如不容，吾自纵天慵。落叶凭风扫，香秔倩水舂。
花期连郭雾，雪夜隔湖钟。身外无能事，头宜白此峰。

隐居生活，一片恬淡。只是平静的表象之下，仍浸渍了不容于世的怨气。

未第而归隐，说起来容易，做到却难，中唐诗僧灵澈在《东林寺酬韦丹刺史》曾讥刺道："相逢尽道休官好，林下何曾见一人?"说得很对。如戴叔伦、卢纶、戎昱等，下第后归隐情绪大涨，可一旦试期来临，还是毅然走上科场。所以说，真正能做到顺其自然者，当数沈千运。天宝间，累举不第后，退居河南濮上。《山中作》：

栖隐非别事，所愿离风尘。不来城邑游，礼乐拘束人。
迩来归山林，庶事皆吾身。何者为形骸，谁是智与仁。
寂寞了闲事，而后知天真。咳唾矜崇华，迂俯相屈伸。
如何巢与由，天子不知臣。

诗人甘心归隐，希望追慕巢父和许由那样的高隐之士，做一个自给自足的农夫。这种带有浪漫色彩的归隐生涯，在别人看来确实洒脱得很。高适《赋得还山吟，送沈四山人》：

　　还山吟，天高日暮寒山深，

　　送君还山识君心。人生老大须恣意，

　　看君解作一生事，山间偃仰无不至。

　　石泉淙淙若风雨，桂花松子常满地。

　　卖药囊中应有钱，还山服药又长年。

　　白云劝尽杯中物，明月相随何处眠。

　　眠时忆问醒时事，梦魂可以相周旋。

　　高适想象友人归隐后，可以了却人世一切烦恼，采药得钱兼长生，杯酒明月入梦来，惬意无比。如果归隐真的这样快活，估计落第者们不会老在长安受罪了，因为谁也不是傻子。实际情况却是如何呢？其《濮中言怀》道：

　　圣朝优贤良，草泽无遗匿。人生各有命，在余胡不淑。

　　一生但区区，五十无寸禄。衰退当弃捐，贫贱招毁讟。

　　栖栖去人世，屯蹶日穷迫。不如守田园，岁晏望丰熟。

　　壮年失宜尽，老大无筋力。始觉前计非，将贻后生福。

　　童儿新学稼，少女未能织。顾此烦知己，终日求衣食。

　　年已老大，无禄困顿，闲人非议，力弱难耕，衣食难足。这样的归隐生活与他人眼中的闲适快活简直是天壤之别。不过诗人仍自甘贫贱，心安自得，把归隐田园当作自己求仕不得后最好的归宿。

结　语

　　走过了千山万水，经历了重重磨难，唐人的科第之心何曾消减？夕阳槐花落，长安已苍茫。琴剑伴游子，箧书累背囊。他们奔走在黄尘古道之上，蹇驴斜跨，蝉噪秋风，这一幅疏淡的剪影，走完了大唐近三百年征程。那是一场怎样的爱恋啊，义无反顾，倾情西向。干谒科考，成名落第，悲欢离合，矢志不渝。

　　也许是在烦恼中成长吧，诗歌在唐初百年的徘徊，并未太多关注科举之事，或者说，科举同样也未怎么关注诗歌的事。突然有一天，长大了，成熟了，一个风姿绰约，一个玉树临风，环眸四顾，各自眼中都有了对方。于是，诗中有了科举成名的梦想，有了建功立业的豪情，有了怀才不遇的伤感；而科考也不好将诗置之度外了，那优雅的旋律，华丽的辞藻，昂扬的风骨，如何能再撇下？更何况世事纷纭，桩桩精彩，万众瞩目之下，二者的牵手，水到渠成，岂是强权或利害能够随意左右得了的？

　　大道如青天，作为学子的你，可以怀揣诗卷，踏上求仕的征途，然后一路走来，在考场中挥洒，在成名时狂欢。不过憧憬时必须清醒，泪水或已藏在眼窝。如果只看到人前的欢笑，失败往往会不期而至。风中的煎熬，青春的磨砺，都会在你的身上留下鲜明的印记。一道道岁月的伤口，会耗尽你一生的时光去弥合；哪怕是痛定思痛之余，也会时时闯进你的梦里，留下一夜夜的惊悸，一声声的叹息。

可羡的是，对于年轻的你而言，失败成了你不断奋进的动力。你漫步大唐，塞北江南，处处有你吟唱的痕迹，连路边的花草，也都感受到了你浪漫的气息。你想说的都已说完，不想说的已永远沉默。当年的科考总是对你爱理不理，如今你已让它高攀不起。亘古的风景，总是在有人处才显得美丽。你所记下的，穿越千年，我们看到了，听到了；你的悲欢，我们感同身受，可惜无法劝你，也无法与你同庆。不过你我都不必难过，这些只是纸面的游戏。终有一天，在苍茫的历史天空下，知音自会聚首，千载可共婵娟！

参考文献

［1］刘昫等撰：《旧唐书》，北京：中华书局 1975 年版。

［2］欧阳修、宋祁等撰：《新唐书》，北京：中华书局 1975 年版。

［3］司马光撰：《资治通鉴》，北京：中华书局 1956 年版。

［4］何光远撰：《鉴诫录》，北京：中华书局 1985 年版。

［5］王谠撰，周勋初校证：《唐语林校证》，北京：中华书局 2008 年版。

［6］钱易撰，黄寿成点校：《南部新书》，北京：中华书局 2002 年版。

［7］徐松撰，赵守俨点校：《登科记考》，北京：中华书局 1984 年版。

［8］徐松撰，孟二冬补正：《登科记考补正》，北京：北京燕山出版社 2003 年版。

［9］金富轼著，孙文范等校勘：《三国史记》，长春：吉林文史出版社 2003 年版。

［10］傅璇琮主编：《唐才子传校笺》（第一册），北京：中

华书局 1987 年版。

［11］傅璇琮主编：《唐才子传校笺》（第二册），北京：中华书局 1989 年版。

［12］傅璇琮主编：《唐才子传校笺》（第三册），北京：中华书局 1990 年版。

［13］傅璇琮主编：《唐才子传校笺》（第四册），北京：中华书局 1990 年版。

［14］傅璇琮主编：《唐才子传校笺·补正》（第五册），北京：中华书局 1995 年版。

［15］陈尚君辑校：《全唐文补编》，北京：中华书局 2005 年版。

［16］彭定求等编，中华书局编辑部点校：《全唐诗（增订本)》（全十五册），北京：中华书局 1999 年版。

［17］计有功撰，王仲镛校笺：《唐诗纪事校笺》，北京：中华书局 2007 年版。

［18］李昉等编，汪绍楹点校：《太平广记》，北京：中华书局 1961 年版。

［19］上海古籍出版社编：《唐五代笔记小说大观》（上、下），上海：上海古籍出版社 2000 年版。

［20］阮阅编，周本淳校点：《诗话总龟》，北京：人民文学出版社 1987 年版。

［21］尤袤撰：《全唐诗话》，北京：中华书局 1985 年版。

［22］程千帆：《唐代进士行卷与文学》，上海：上海古籍出版社 1980 年版。

［23］吴宗国：《唐代科举制度研究》，沈阳：辽宁大学出版社 1997 年版。

［24］傅璇琮：《唐代科举与文学》，西安：陕西人民出版社 2003 年版。

［25］陈飞：《唐诗与科举》，桂林：漓江出版社 1996 年版。

［26］戴伟华：《唐代使府与文学研究》（修订本），桂林：广西师范大学出版社 2007 年版。

［27］滕云：《唐代落第诗研究》，华东师范大学博士学位论文，2008 年。

［28］徐乐军：《晚唐文人仕进心态研究》，北京：社会科学文献出版社 2014 年版。